Michael Pflaum

Christologisches Tryptichon

Michael Pflaum

Christologisches Tryptichon

und andere philosophisch-theologische Überlegungen

Fromm Verlag

Impressum / Imprint
Alle in diesem Buch genannten Marken und Produktnamen unterliegen warenzeichen-, marken- oder patentrechtlichem Schutz bzw. sind Warenzeichen oder eingetragene Warenzeichen der jeweiligen Inhaber. Die Wiedergabe von Marken, Produktnamen, Gebrauchsnamen, Handelsnamen, Warenbezeichnungen u.s.w. in diesem Werk berechtigt auch ohne besondere Kennzeichnung nicht zu der Annahme, dass solche Namen im Sinne der Warenzeichen- und Markenschutzgesetzgebung als frei zu betrachten wären und daher von jedermann benutzt werden dürften.

Any brand names and product names mentioned in this book are subject to trademark, brand or patent protection and are trademarks or registered trademarks of their respective holders. The use of brand names, product names, common names, trade names, product descriptions etc. even without a particular marking in this work is in no way to be construed to mean that such names may be regarded as unrestricted in respect of trademark and brand protection legislation and could thus be used by anyone.

Coverbild / Cover image: www.ingimage.com

Verlag / Publisher:
Fromm Verlag
ist ein Imprint der / is a trademark of
IBMS Ltd., member of OmniScriptum Publishing Group
17 Meldrum Street, Beau Bassin 71504, Mauritius
Email: info@omniscriptum.com

Herstellung: siehe letzte Seite /
Printed at: see last page
ISBN: 978-3-8416-0092-9

Inhaltsverzeichnis

Ein christologisches Triptychon - drei christologische Artikel

Ein Triptychon besteht aus drei Bildern, die ohne weiteres auch als einzelne betrachtet werden können. Nebeneinander gestellt ergeben sich aber zwischen den Bildern Verbindungslinien, aus denen sich ein Gesamteindruck ergibt, der die Eindrücke der einzelnen Bilder vertieft. Vielleicht geschieht Ähnliches dem Leser dieser drei christologischen Artikel. Alle drei Artikel sind in sich abgeschlossen. Nur der letzte Artikel greift die zwei vorhergehenden auf. Und trotzdem kreisen alle drei Artikel um eine große Frage: Wie gilt es heute Christologie zu betreiben?

Wenn man die drei Artikel philosophischen Bereichen zuordnen möchte, dann kann man sagen, dass der erste Artikel "Christologische Intuition" eher auf der erkenntnistheoretischen Ebene angesiedelt ist, der zweite Artikel "Dezentrierungen in modernen Christologien und das Christusereignis als zureichender Grund" in gewisser Weise ontologisch arbeitet und der dritte Artikel "Plädoyer für eine kleine Christologie" die grundsätzlich politische Dimension der Christologie aufweisen möchte. Aber man wird auch im zweiten und dritten Artikel erkenntnistheoretische Aspekte finden usw.

In gewisser Weise sind diese drei Artikel Fortsetzungen eines Denkprozesses, den ich mit meiner Diplomarbeit "Deleuze´s Differenzdenken und die Idiomenkommunikation" begonnen habe. Die Ergebnisse dieser Arbeit werden für die drei Artikel vorausgesetzt. Sie müssen hier nicht noch einmal ausführlich erwähnt werden. Dafür sei eine Stelle aus dem Werk von Berdjajew zitiert: "In der Geschichte des europäischen Bewusstseins prallten zwei Glaubensrichtungen aufeinander und stellten sich einander gegenüber - der Glaube an Gott und der Glaube an den Menschen. Aber dies war bloß das Moment der Dialektik des Bewusstseins. Auf einer höheren Stufe des Bewusstseins versteht der Mensch, dass der Glaube an Gott den Glauben an den Menschen und der Glaube an den Menschen den Glauben an Gott voraussetzt. Deshalb muss das Christentum als Religion der Gott-Menschheit verstanden werden. Der einzige Grund für den Glauben an Gott ist die Existenz des Göttlichen im Menschen. Keine noch so schreckliche menschliche Gemeinheit kann dazu

zwingen, diese Höhe des Menschen zu leugnen. Glauben an Gott ohne Glaube an den Menschen ist eine Form von Götzendienst. Gerade die Idee der Offenbarung wird sinnlos, wenn der, den sich Gott offenbart, ein Nichts ist und dem Geoffenbarten nicht entspricht."[1]
Ähnliches wollte ich aussagen mit der These, dass die Idiomenkommunikation nicht allein für Jesus Christus gilt sondern die allgemeine Struktur theologischen Sprechens sein muss.
Ich habe in diesen drei Artikeln das christologische Thema in den Denkrahmen der Philosophen Bergson, Whitehead und Deleuze gestellt. Der Leser mag die Fruchtbarkeit dieses Unternehmens selbst beurteilen.

[1] Berdjajew, N.: Versuch einer eschatologischen Metaphysik, 2001, S. 283.

I. Christologische Intuition

1. Die Frage nach dem Verhältnis von historischen Fächern (Exegese und Kirchengeschichte) und systematischer Theologie

Ein systematischer Theologe nimmt sich vor, eine Christologie zu schreiben. Worin besteht seine Aufgabe? Hat er das Panorama der exegetischen und theologiegeschichtlichen Untersuchungen zu sichten und daraus eine Zusammenfassung zu erstellen? Bestünde darin die spezifische Leistung des systematischen Theologen, dann würde die Skepsis der Exegeten gegenüber den Systematikern, die sich z.B. in den "Flurgesprächen" zeigt, in denen systematischen Theologen "Steinbruchexegese" vorgeworfen wird, ein Hinweis sein, dass diese Auffassung von Systematik sowohl die Leistungen und Fähigkeiten der Exegeten und Kirchengeschichtlern nicht adäquat würdigt - als ob diese unfähig wären, ihre Ergebnisse zusammenzufassen - als auch, ja noch viel mehr die wissenschaftliche Leistung des Systematikers in ein jämmerliches Licht stellen. Um diese These zu untermauern, möchte ich einen analogen Fall anführen, den Bergson in seinem Artikel "Die philosophische Intuition" behandelt.

1.1. Das Verhältnis von Wissenschaftlern und Philosophie und deren Eigenständigkeit bei Bergson

Bei Bergson handelt es sich um das Verhältnis von Philosophie und den anderen Wissenschaften. Bergson wendet sich gegen eine Vorstellung, dass die Philosophie eine Zusammenfassung der anderen Wissenschaften sei. Dies sei einerseits unfair gegenüber den anderen Wissenschaftlern, wenn der Philosoph nach erfolgter Forschung zu diesen sagen würde: "Sehr gut, überlassen Sie das nur mir, Sie werden sehen, was ich daraus machen werde! Die Erkenntnis, die Sie mir unvollständig überlassen, werde ich vervollständigen. Was Sie mir zusammenhanglos darbieten, werde ich erst vereinigen. [...] Seltsame Anmaßung wahrhaftig. Wie könnte der Beruf des Philosophen demjenigen, der ihn ausübt, die Macht übertragen, in der gleichen Richtung wie die Wissenschaft weiter zu gelangen als diese?"[2] Andererseits ist diese Auffassung von Philosophie aber auch gegenüber der Philosophie selbst

---

[2] Bergson, H.: Denken und schöpferisches Werden, Hamburg 1993, S. 141f.

beleidigend. Dann wäre sie die Wissenschaft von wissenschaftlichen Verallgemeinerungen und würde sich angeblich nur mit dem Bereich befassen, wo die Gewissheit und die objektive Erfahrung aufhören. Das würde bedeuten, "dass die Philosophie sich mit dem Plausiblen zufrieden gibt, und dass die Wahrscheinlichkeit ihr genügt."[3] Bergson schlägt deswegen im Folgenden eine andere Sicht der Philosophie vor. Seine Argumentation geht davon aus, dass sich uns die Erfahrung in zwei verschiedenen Aspekten darbietet: "einerseits in Form von Tatsachen, die sich äußerlich aneinander reihen, die sich ungefähr messen lassen, kurz, die sich im Sinn einer distinkten Mannigfaltigkeit und Räumlichkeit entfalten, und auf der anderen Seite in der Form einer gegenseitigen Durchdringung, die eine reine Dauer ist und sowohl dem Gesetz wie dem Messen unzugänglich. In beiden Fällen bedeutet Erfahrung Bewusstsein, aber im ersten Fall entfaltet sich das Bewusstsein nach außen und veräußerlicht sich in Bezug auf sich selbst in demselben Maße, wie es äußere Dinge wahrnimmt; im anderen Fall geht dieses Bewusstsein in sich, erfasst sich selbst und vertieft sich."[4]

Der eine Aspekt der Erfahrung ist uns sehr geläufig. Auf dieser Ebene arbeiten alle Naturwissenschaften und empirischen Wissenschaften. Dem zweiten Aspekt der Erfahrung geht die Philosophie nach. Zu diesem zweiten Aspekt ergibt sich aber gleich eine Frage, die Bergson auch stellt. Wenn ich mich in mein eigenes Bewusstsein vertiefe, kann ich dann durch diese neuen Erfahrungen etwas über die Wirklichkeit im Allgemeinen erkennen? "Dringt es [das Bewusstsein] so tiefer in das Innere der Materie, des Lebens, der Wirklichkeit im allgemeinen ein, indem es seine eigene Tiefe auslotet? Man könnte es bestreiten, wenn das Bewusstsein der Materie sich als ein Akzidens hinzugefügt hätte; [...] aber nein, die Materie und das Leben, welche die Welt erfüllen, sind ebenso sehr in uns, die Kräfte, die in allen Dingen wirken, fühlen wir auch in uns; [...] Steigen wir also in unser eigenes Innere hinab: je tiefer der Punkt ist, zu dem wir hinabdringen, um so stärker wird die Kraft sein, die uns wieder zur Oberfläche zurückwirft. Die philosophische Intuition ist dieser innere Kontakt, die Philosophie ist dieser Elan. [...] die Philosophie muss also mit der Wissenschaft zur Deckung kommen. Eine Idee, die sozusagen intuitiven Ursprungs ist und nicht dazu käme, in fortschreitender Teilung und Unterteilung die äußerlich beobachtbaren Tatsachen in sich aufzunehmen, [...] wäre eine reine Fantasie;"[5]

---

[3] S. 142, ebd.
[4] S. 143, ebd.
[5] S. 143 - 144, ebd.

Die Erkenntnisart des Philosophen beginnt also mit dem Erspüren der Dauer, indem er in sein eigenes Bewusstsein sich vertieft, die eigene Tiefe auslotet. Das ist die Methode der Intuition und sie erfasst am Anfang immer etwas Einfaches. Dieses Einfache ist eine Bewegung, die nur in der Dauer erspürt werden kann. Aktualisiert und differenziert sich dieses Einfache, dann ergibt sich eine philosophische Konstruktion, die auch mit den Ergebnissen der anderen Wissenschaften konvergieren muss.

Bergson betont, dass die Erkenntnisart der empirischen Wissenschaften uns näher ist als die der Philosophie. Das liegt nicht an der gesellschaftlichen Stellung dieser Wissenschaften. Das wäre für Bergson zu kurz gedacht. Viel grundlegender behauptet Bergson, dass die Art und Weise unserer Sinneswahrnehmungen uns viel mehr zu einer Denkweise der empirischen Wissenschaften "verführen". Die gewöhnliche Erkenntnis präsentiert uns die Dinge "in einer Art pulverisierter Zeit, wo ein statischer Augenblick neben den anderen gesetzt wird."[6] Sie konstruiert die Bewegung aus unbeweglichen Momenten. Das ist eine praktische und bequeme Operation, die dem gesunden Menschenverstand entspricht; die aber in der Philosophie nur zu Widersprüchen und falschen Problemen führt. "Aber gerade weil der gesunde Menschenverstand der Philosophie den Rücken kehrt, genügt eine Rückwendung in dieser Beziehung, um uns in die Richtung des philosophischen Denkens zurückzuversetzen."[7] Das Denken in der Philosophie muss deswegen die Bewegung, das Werden an sich erfassen. "Hier gibt es keine starren Zustände mehr, keine toten Dinge, sondern nur noch die reine Beweglichkeit, aus der die Stabilität des Lebens besteht. Eine Vision dieser Art, in der die Realität als kontinuierlich und unteilbar erscheint, ist auf dem Wege, der zur philosophischen Intuition führt."[8]

1.2. Anwendung auf den analogen Fall: das Verhältnis von historischen Fächern (Exegese und Kirchengeschichte) und systematischer Theologie

Versuchen wir nun, die Gedanken von Bergson für das Verhältnis von Exegese bzw. Theologiegeschichte und systematischer Theologie fruchtbar zu machen. Gerade die Parallelität von diesem Verhältnis mit dem der Wissenschaften und der Philosophie verstärkt unsere Skepsis, die spezifische Leistung des systematischen Theologen in der Zusammenfassung zu sehen. Denn wie bei Bergsons Problem ist diese Auffassung einerseits

---

[6] S. 146, ebd.
[7] S. 146, ebd.
[8] S. 147, ebd.

für die Wissenschaftler der historischen Fächer beleidigend: Sie, die Spezialisten im Bereich Heilige Schrift oder im Bereich Theologiegeschichte, sollen sich nur mit Einzelheiten und Fragmenten beschäftigen und die Zusammenfassung dem Nicht-Spezialisten überlassen?! Noch mehr ist diese Auffassung für die systematische Theologie blamabel: Denn wie erscheint das Ergebnis? Als ein grober Holzschnitt, als ein aus verschiedenen Einzelteilen zusammengebasteltes Konstrukt.

Kann Bergsons Lösung ein Hinweis für die Lösung unseres theologischen Problems sein? Dann müsste sich die Erkenntnis auch in der Theologie in zwei verschiedene Aspekten darbieten. Beginnen wir mit der Exegese: hat sie eine Ähnlichkeit mit der Vorgehensweise der empirischen Wissenschaften? Bezogen auf die Charakteristika, die Bergson nennt, möchte ich diese Frage bejahen. Denn die Exegese erfasst das ihr Gegebene, die Heilige Schrift, indem sie es auseinanderlegt, einzelne Elemente betrachtet (einzelne Wörter, Sätze, Perikopen, ja manchmal sogar zum Beispiel in der Textkritik einzelne Buchstaben) und daraus Beobachtungsergebnisse erstellt. Damit diese Beschreibung nicht als verzerrende Pauschalisierung missverstanden wird, muss betont werden, dass Bergson in seiner Philosophie Tendenzen de iure frei legt, die de facto nur in einem Mixtum auftreten. So versucht natürlich auch die Exegese, den Sinn eines Textes als Bewegung des Ganzen zu erfassen, aber tendenziell so, dass sie das Ganze aus Einzelteilen, die Bewegung des Sinns aus einzelnen Stationen versucht aufzubauen. Verschiedene exegetische "Stilrichtungen" unterscheiden sich vielleicht darin, dass die eine Richtung ganz extrem das Ganze aus Einzelteilen erstellen möchte (z.B. in der Exegese des Alten Testaments die Richter Schule) und dass andere Richtungen auf verschiedene Weise versuchen, die Bewegung des Sinns in die Untersuchung der Einzelteile mit einfließen zu lassen.

Nachdem wir nun bei der Exegese eine Tendenz zu den empirischen Wissenschaften nachgewiesen haben (eine Tendenz, die wohlgemerkt unterschiedlich stark auftauchen kann), ist es naheliegend, Bergsons Aussagen über die philosophische Intuition als eine Leitlinie zu benutzen, um der systematischen Theologie ein spezifisches Profil zu geben, welches eben durch diese andere Weise der Erkenntnis möglich ist. Die Ausführungen dieses Artikels werden zeigen, dass man Intuition in der Theologie bzw. in der Glaubensgeschichte finden kann. Diese Hypothese - sie sei nun vorausgesetzt - wirft aber noch einmal ein neues Licht auf das Verhältnis zwischen historischen Fächern und systematischer Theologie. Dieses Verhältnis ist in gewisser Weise doch etwas anders gelagert als das zwischen

Einzelwissenschaften und Philosophie. Denn ein Exeget, der zum Beispiel das Lukasevangelium oder den Römerbrief untersucht bzw. kommentiert, sucht nach der christologischen Intuition des Evangelisten Lukas oder der theologischen Intuition des Paulus. Ebenso sucht der Kirchenhistoriker und Theologiegeschichtler nach der christologischen Intuition des Konzils von Chalcedon oder nach der theologischen Intuition eines Heiligen Augustinus. Gute Arbeiten in diesen Fächern erweisen sich gerade darin, wenn der Leser verspürt, dass der Autor die jeweilige christologische Intuition transparent machen kann.

Der systematische Theologe hat aber letztlich nicht die Aufgabe die christologische Intuition eines anderen, früheren Autors zu rekonstruieren, sondern aus einer eigenen christologischen Intuition eine Theologie für seine eigene Zeit zu schreiben. Deswegen waren große systematische Theologen immer auch tief in eine Spiritualität verwurzelt und konnten die Zeichen ihrer Zeit lesen. Dies soll nun ausführlich dargelegt werden.

Am Anfang des Artikels "Die philosophische Intuition" beschreibt Bergson zwei Aspekte der Intuition: die ausschließende Kraft und das vermittelnde Bild. Dies kann uns weiterführen.

2. Die ausschließende Kraft und die vermittelnden Bilder der christologischen Intuition

2.1. Ausschließende Kraft und vermittelndes Bild bei einer Philosophie

Ein philosophisches System stellt sich zunächst als ein vollständiges Gebäude dar. Ein Studium dieses Systems zeigt uns, aus welchen Materialien dieses System besteht. Damit haben wir aber nicht das Neue entdeckt, das diese Philosophie auszeichnet. "Denn der menschliche Geist ist so beschaffen, dass er das Neue erst zu begreifen beginnt, nachdem er alles versucht hat, um es auf das schon Bekannte zurückzuführen."[9] Wenn wir aber das Neue eines philosophischen Systems anfangen zu erahnen, dann gewinnt die Lehre eine neue Gestalt. "Zunächst vermindert sich ihre Kompliziertheit. Dann beginnen die Teile miteinander zu verschmelzen. Schließlich konzentriert sich das Ganze in einem Punkt, und wir fühlen, dass man sich ihm immer mehr annähern könnte, ohne ihn je zu erreichen. In diesem Punkt liegt irgend etwas so Einfaches, (...) dass es dem Philosophen niemals gelungen ist, es auszudrücken. Und darum hat er sein ganzes Leben lang darüber gesprochen."[10]

---

[9] S. 127, ebd.
[10] S. 127 , ebd.

Auf der einen Seite haben wir also jenen Punkt, der an sich ganz einfach ist, aber sich doch nicht einfach in Sprache ausdrücken lässt. Das ist die philosophische Intuition. Auf der anderen Seite steht das große philosophische Gebäude. Dazwischen gibt es ein vermittelndes Bild, "ein flüchtig aufleuchtendes Bild, welches vielleicht ihm [dem Philosophen] selber unbewusst, ihm dauernd nachgeht, ihn wie ein Schatten durch alle Windungen seines Gedankens verfolgt, und das, wenn es auch nicht die Intuition selbst ist, sich ihr sehr viel mehr annähert als der begriffliche Ausdruck, der notwendigerweise symbolisch ist".[11]

"Was dieses Bild zunächst kennzeichnet, ist eine gewisse *ausschließende Kraft*, die es in sich hat. [...] Gegenüber allgemein anerkannten Ideen, gegenüber für selbstverständlich geltenden Thesen, gegenüber Behauptungen, die bis dahin für wissenschaftlich gegolten hatten, flüstert sie dem Philosophen das Wort ins Ohr: *unmöglich!"*[12] Diese Kraft der Intuition, kann sogar bewirken, dass der Philosoph eigenen Gedanken und Behauptungen gegenüber skeptisch wird, sein Denken ändert und korrigiert. "Er mag vielleicht seine Schlussfolgerungen entwickeln, bis er plötzlich vor seiner eigenen Behauptung dasselbe Gefühl des Unmöglichen empfindet, das ihn zunächst bei der Behauptung anderer überkam. Indem er die Kurve seines ihm eigentümlichen Denkens verließ und in der geradlinigen Richtung der Tangente weiterdachte, ist er gleichsam aus sich selbst herausgetreten. Er kehrt zu sich wieder zurück, wenn er zu seiner Intuition zurückkehrt."[13]

Wenn wir die Intuition eines Philosophen erahnen, oder das vermittelnde Bild umreisen können, dann wird auch das Neue einer philosophischen Lehre deutlich und frühere Philosophen, "seine Vorläufer", verlieren ihre Bedeutung, um das philosophische System zu verstehen.

Bergson gibt nun zwei Irrtümer an, die sich bei einer Aneignung einer Philosophie häufig einstellen. Erster Irrtum: man hält das Ausdrucksmittel für das Eigentliche. Das System, das Gedankengebäude ist immer nur das Ausdrucksmittel für die entscheidende Intuition, die originäre Einsicht. Zweiter Irrtum: "Wir stellen uns die Lehre gern vor [...] als eine notwendige Konsequenz früherer Philosophien, als "eine Etappe der Geistesgeschichte". [...] so ist ein neuer Gedanke wohl gezwungen, sich in den überlieferten Begriffen, die er antrifft,

---

[11] S. 128 , ebd.
[12] S. 128 -129, ebd.
[13] S. 129, ebd.

und die er in seine Bewegung hineinzieht, auszudrücken; insofern erscheint er in Abhängigkeit von der Epoche, in der der Philosoph gelebt hat;"[14]

2.2. Die ausschließende Kraft der christologischen Intuition am Beispiel der ersten vier Konzilien

Wir können nun eine ausschließende Kraft und vermittelnde Bilder von Christus in der Geschichte des Christentums wiederfinden, so dass sich die Sinnhaftigkeit des Begriffes "christologische Intuition" daraus ergeben kann.

In der Fernsehserie "Geschichte des Christentums" wurde das Ergebnis des Konzil von Chalcedon als Kompromiss bezeichnet. Die verschiedenen Parteien hätten sich also in der Mitte getroffen. Ich halte diese Beurteilung für flach. Die Tiefe des Diskussionsprozesses wie des Ergebnisses der ersten vier Konzilien wird nicht erkannt. Hinter dem Wort Kompromiss steht ein Modell, das zwei verschiedene Parteien mit gegensätzlichen Interessen im Auge hat. Es ist vergleichbar mit dem Marktmechanismus, bei dem der Anbieter und der Nachfrager gegensätzliche Interessen haben (niedriger Preis versus hoher Preis) und sich im Prozess gegenseitig annähern. Bei diesem Modell fehlt die intuitive Kraft, die sich in dem Gespür zeigt, wann Gedankengänge abdrifften. (Die Geschichte der ersten vier Konzilien zeigt auch, dass nicht nur eine einzelne Person sondern auch eine Gemeinschaft einer Intuition folgen kann.)

Die ausschließende Kraft zeigt sich sowohl in der Formulierung des Ergebnisses von Chalcedon als auch in der Abweisung der verschiedensten Häresien. Das berühmte "ungetrennt und unvermischt" steht genau für das Unvermögen der Konzilsväter, die christologische Intuition, die sie alle beseelte, direkt auszudrücken - ein Unvermögen, dessen Ursache nicht in einem Mangel liegt, sondern, weil man eine Grenze erreicht hat, eine Ausdrucksgrenze. Es steht aber gleichzeitig für die ausschließende Kraft der christologischen Intuition, der sich die Väter verpflichtet wussten. Die christologischen Häresien, der Arianismus, der Monophysitismus, die Lehren von Nestorius und Apollinaris, sind Beispiele für Gedankengänge, die die "Kurve" der Intuition verlassen und "in der geradlinigen Richtung der Tangente" weiterdachten. Das "ungetrennt und unvermischt" wehrt diese Abweichungen ab und lenkt die Gedanken zurück zur eigentlichen christologischen Intuition.

---

[14] S. 130 -131, ebd.

2.3. "Heilandsbilder" der großen katholischen Orden

Aber nicht nur in den Konzilien sondern an vielen Orten wirkt die christologische Intuition, um Christusbilder, Heilandsbilder zu erschaffen, als leuchtendes Vorbild, als Trost- und Kraftquelle, als Sehepunkt, um Leben und Welt in einem neuen Licht zu sehen. Ein interessantes Panorama von Heilandsbildern stellt uns Lippert in seinem Werk "Die Psychologie des Jesuitenordens" anhand der drei großen katholischen Orden vor. Er betont, dass das jeweilige Heilandsbild die Quelle der Eigenart des jeweiligen Ordens ist. Lassen wir uns diese drei großen Bilder von ihm im Originalton vorstellen:

"Den Söhnen des großen Benedikt, an deren Art alle beschaulichen Orden teilnehmen, ist Christus der anbetungswürdige Gottkönig, dem sie dienen mit nächtlichen Psalmengebet, mit feierlich ernstem Choral, mit einer majestätischen Liturgie, mit einer still innigen, heiligen Kunst, mit einer vergeistigten Handarbeit. Und das alles fern vom Geräusch und Kampflärm der Welt. Sie sind gleich den Engeln des Heiligtums: Gottgeweiht stehen sie ohne Unterlass vor dem Thron des Lammes und vollziehen den heiligen Dienst an den christlichen Opferstätten. [...]

Franz von Assisi war der seraphische Liebhaber des armen Kindeleins im Stall und des gekreuzigten Erlösers, versunken in das Geheimnis von Bethlehem, ein Geheimnis der ergreifendsten Kindheit und Kindlichkeit, und in das Geheimnis der erschütterndsten Selbstentäußerung auf Golgatha. [...]

Der zentrale Gedanke des Jesuitenordens ist Christus als Gründer des Gottesreiches, als Welteroberer, als arbeitender, kämpfender und leidender Streiter für die Ehre und den Willen des Vaters."[15]

Wir werden in 3.2. am Beispiel von Ignatius und seinem Orden versuchen zu zeigen, wie ein solches Bild von Christus Prozesse in Gang setzt und Entwicklungen leitet und führt.

2.4. "Christus der Befreier" und die ausschließenden Kraft dieses Bildes

Natürlich entstehen auch heute in der Moderne neue Christusbilder. Bei dem Beispiel, das ich vorstellen möchte, erkennt man sehr gut die ausschließende Kraft der christologischen Intuition.

Das Christusbild der Befreiungstheologie ist "Christus der Befreier". Sobrino führte in seiner Christologie gleich mehrere Christusbilder an, die er von diesem neuen Bild her als Zerrbilder

[15] Lippert, P.: Die Psychologie des Jesuitenordens, Freiburg 1956, S. 26 – 27.

beurteilen muss. Gegen den "abstrakten Christus" muss sich die christologische Intuition der Befreiungstheologie wenden, weil es die Person Jesus aus Nazareth vernachlässigt und damit der Gefahr verfällt, das Ajektiv "Christus" "mit dem zu füllen, was im Moment opportun ist."[16]. So kann das Bild vom Christus der Liebe die prophetische Kraft des historischen Jesus so verdecken, dass dieses Bild letztlich eher die Unrechtsstrukturen stützt als verändert. Der "versöhnende Christus" ist ebenso ein Bild, das in der Kirchengeschichte häufig so überhöht worden ist, dass es gefährlich abstrakt wurde: "es ist gefährlich, einen Jesus zu preisen, der alle liebt, ohne die verschiedenen Formen zu betonen, in denen sich diese Liebe ausgedrückt hat, nämlich in der Verteidigung der Armen und in der radikalen Umkehrforderung an die Adresse der Unterdrücker."[17] Ein weiteres Christusbild muss von der christologischen Intuition der Befreiungstheologie her kritisiert werden: der "absolut absolute Christus". "Ein solcher Christus entsteht dann, wenn der Mittler Christus verabsolutiert und seine wesensmäßige Beziehung zur Vermittlung, die das Reich Gottes ist, ignoriert wird."[18] "Aussagen über die Absolutheit Christi müssen dann einer Kritik unterzogen werden, wenn sie dazu führen, dass die grundlegende historische Beziehung Jesu zum Reich Gottes und zum Gott des Reiches in Vergessenheit gerät. Zur transzendenten trinitarischen Beziehung muss die historische Beziehung hinzukommen: Jesus war nicht für sich selbst da, sondern besaß einen Bezugspunkt im Reich Gottes und dem Gott des Reiches;"[19]

Aus der Darstellung der vielen Christusbilder der katholischen Orden und der scharfen Ablehnung gewisser Christusbilder durch die Befreiungstheologie kann und muss sich eine wichtige Frage ergeben: Ist das "wahre Christusbild" als eine unveränderliche ewige Idee zu denken, gleich oder ähnlich dem platonischen Modell der Ideen; - eine ewige Idee, an der unsere vorgestellten Christusbilder mehr oder weniger Anteil haben? Dann wäre die christologische Intuition das Fühlen dieser Idee? Die drei Christusbilder der katholischen Orden könnten uns diese Vorstellung nahelegen. Das "wahre Christusbild" ist eine komplizierte, mehrere Aspekte in eins nehmende Idee, an der wir nur Teile mit Klarheit genau erkennen können. Aber die Darstellung über das Christusbild der Befreiungstheologie und seine ausschließende Kraft werfen ein skeptisches Licht auf das platonische Modell: denn dieses Modell kann nicht die wichtige Rolle der realen Lebenssituation der Leute beachten,

---

[16] Sobrino, J.: Christologie der Befreiung, Bd 1, Mainz 1998, S. 33.
[17] S. 34, ebd.
[18] S. 35, ebd.
[19] S. 35, ebd.

die ohne Zweifel für die armen Völker und Menschen in Lateinamerika bei der Entwicklung der Befreiungstheologie und ihrer Christologie gespielt hat und spielt. Denn dafür ist die platonische Idee zu transzendent und unabhängig. Was für ein Modell jenseits von Platon, was für ein Rahmen des Denkens müssen wir dann der christologischen Intuition geben? Wie können geschichtlichen Entwicklungen und Brüche ebenso wie reale Lebenssituationen, Fragen und Problemen von Menschen wesentlichen Eingang finden in das Werden einer christologischen Intuition? Die nächsten beiden Teile werden sich mit Elementen der Philosophie von Bergson und der Philosophie von Deleuze diesem Problem stellen. Nun wird man mir vielleicht entgegnen, dass das platonische Modell der Ideen sowie so nie adäquat für die Christologie sein konnte, weil es nicht um eine Idee sondern um den Gottmenschen Jesus Christus ging. Es ist richtig, dass wir nicht einer Idee sondern Jesus Christus nachfolgen sollen. Aber das platonische Modell kann sich implizit einschleichen! Denn um der Person Jesus Christus nachfolgen zu können, müssen wir einen Begriff vom Wesentlichen dieser Person bilden, der dann schnell als Quasi-Idee verstanden werden kann - erst einmal erkenntnistheoretisch, und dann auch ontologisch. Die zwei Beispiele "Christus ist Liebe" und "Christus ist Versöhnung" zeigen dies deutlich. Man kann das Wesen von Jesus Christus als Liebe oder Versöhnung verstehen. Überhöht und ganz verallgemeinert werden diese Begriffe zu Quasi-Ideen, die in ihrer Allgemeinheit spezifische Realitäten nur nivillieren können. Die Nachfolge der Person Jesu Christi wandelt sich implizit zu einem Annäherungsprozess an eine Quasi-Idee.

3. Suche und Neuschöpfung eines Schemas von Jesus Christus

Wir haben gesehen, dass in der Glaubensgeschichte eine christologische Intuition, die wir aus einer theologischen Sicht natürlich auf die Wirkungen des Heiligen Geistes zurückführen können, fähig ist, einseitige Denkwege als Irrwege aufzudecken als auch Christusbilder hervorzubringen, die die Kraft haben, das Leben von Menschen christlich zu gestalten. Aber es entstanden zwei Fragen: Wie schaut der Entstehungsprozess einer solchen christologischen Intuition aus und welche Elemente spielen in diesem Prozess wesentliche Rollen? Und: In welchen Rahmen des Denkens müssen die christologische Intuition und die aus ihr entstehenden Bilder gestellt werden?

Diese zwei Fragen wollen wir uns nun mit zwei Anläufen stellen: jeweils ein philosophisches Modell soll an einem Glaubensbeispiel erprobt werden. Ich hoffe, dass die zwei philosophischen Gedankengänge und die zwei Glaubensbeispiele sich gegenseitig so stützen, dass ein erhellendes Licht auf die zwei Fragen geworfen werden kann.

3.1. Der komplizierte dynamische Impuls, das Schema und die Konkretisierung als Ausfaltung

Bergson stellt sich in seinem Artikel "Die geistige Anstrengung" die Frage, warum wir beim Denken manchmal eine gespannte und angestrengte Haltung und manchmal eine schlaffe annehmen können. Was ist das Charakteristikum der geistigen Anstrengung? Bergson erzählt erst einmal von dem Phänomen des fotografischen Gedächtnisses. So konnte ein Junge, der darauf trainiert war, mit einem kurzen aber aufmerksamen Blick 40 Gegenstände, die im Fenster eines Spielzeuggeschäftes standen, aufzählen. Bei diesem Erinnerungsvorgang liegen die einzelnen Teile auf einer Ebene nebeneinander, wie eben auf einer Fotografie. Bei dieser Art der Erinnerung ist keine richtige geistige Anstrengung notwendig. Es gibt aber noch eine zweite Art der Erinnerung. Wie lernt z.B. ein Schauspieler normalerweise seinen Text? Er unterteilt ihn in Abschnitte und bestimmte Wörter, kurze Sätze oder hervorstechende Ideen bekommen in seinem Gedächtnis eine besondere Markierung. Das Ganze wird strukturiert und damit auf mehrere Ebenen verteilt. An einem Stichwort kann ein ganzer Absatz hängen. Der Schauspieler muss sich erst an das Stichwort erinnern (eine Ebene), und muss dann den folgenden Abschnitt in seinem Gedächtnis "finden" (eine andere Ebene). [Das Wort Ebene verwende ich hier nur zur Verdeutlichung. Die rein virtuellen Ebenen des Gedächtnisses bei Bergson sind damit nicht gemeint.] Der Text ist sozusagen erst einmal kompliziert und eingefaltet und muss durch den Erinnerungsprozess ausgefaltet werden. Und das ist anstrengend. "Hier fügt man also nicht mechanisch Bild an Bild, deren jedes das folgende zurückbringen soll. Sondern man begibt sich an den Punkt, wo sich die Vielfältigkeit der Bilder in einer einzigen, einfachen, noch ungeteilten Vorstellung zu verdichten scheint. Diese Vorstellung vertraut man seinem Gedächtnis an. Dann, wenn der Augenblick des Zurückrufens gekommen ist, steigt man vom Gipfel der Pyramide zur Basis ab. Von der höheren Stufe, wo alles in eine einzige Vorstellung zusammengedrängt war, wird man zu immer niederen herabsteigen".[20]

Diese einfache Vorstellung, die das Ganze implizit enthält, nennt Bergson dynamisches Schema. Aber wie steht nun dies im Zusammenhang mit unseren Fragen zu Intuition und

[20] Bergson, H.: Seelische Energie, Aufsätze und Vorträge, Jena 1928, S. 143.

vermittelnde Bilder? Dies zeigt sich deutlich, wenn Bergson am Ende seines Artikels diesem Begriff "dynamisches Schema" auf die Tätigkeit eines Künstlers anwendet. "Der Schriftsteller, der einen Roman schreibt, [der Dramatiker, der Musiker, der Dichter] [...] - bei ihnen alle bildete sich im Geiste zuerst ein ganz einfaches und abstraktes, das heißt unkörperliches Etwas. Für den Musiker oder den Dichter ist dieses Etwas ein neuer Eindruck, der in Tönen oder in Bildern abzurollen ist. Für den Romancier oder den Dramatiker handelt es sich um eine These, die in Ereignissen auseinander zu wickeln, oder um ein Gefühl (ein rein persönliches oder ein allgemeines), das in lebendige Personen zu gestalten ist. Man arbeitet mit einem Schema des Ganzen, und das Ziel ist erreicht wenn man zu einem deutlichen Bilde der Einzelheiten gelangt. [...] Übrigens bleibt das Schema während des Vorgangs durchaus nicht immer unverändert. Eben durch die Bilder, mit denen es sich zu erfüllen sucht, wird es modifiziert. Manchmal bleibt sogar vom ursprünglichen Thema in dem endgültigen Bilde nichts mehr übrig. [...] Gerade darin liegt der Anteil des Unvorhergesehenen; dieses steckt, möchte man sagen, in der Bewegung, mit der sich das Bild zum Schema zurückwendet, um dieses zu modifizieren oder es ganz zum Verschwinden zu bringen. Aber die eigentliche Anstrengung liegt auf dem Übergang des - unveränderlichen oder wechselnden - Schemas zu den Bildern, die es ausfüllen sollen. Es ist auch nicht nötig, dass das Schema dem Bilde immer ausdrücklich vorangeht. Ribot hat bewiesen, dass man zwei Formen der schöpferischen Fantasie zu unterscheiden hat: eine intuitive und eine reflektierende. "Die erste geht von der Einheit zu den Einzelheiten..., die zweite bewegt sich von den Einzelheiten zu der vage erkannten Einheit." [...] anders ausgedrückt: an Stelle eines einzigen Schemas mit unbeweglichen, starren Formen, von dem man sofort einen deutlichen Begriff hat, kann es ein elastisches oder bewegtes Thema sein, bei dem sich der Geist weigert, die Konturen festzulegen, weil er die Entscheidung darüber eben von den Bildern erwartet, die das Schema herbeirufen muss, um sich eine Gestalt zu geben. Aber ob das Schema nun fest oder beweglich ist - das Gefühl der geistigen Anstrengung taucht immer während seiner Entfaltung in Bildern auf."[21]

Wir müssen nun den Begriff des dynamischen Schemas mit der Intuition in Zusammenhang bringen. Es ergibt sich aus dem Text unmittelbar, dass für Bergson das dynamische Schema eines Künstlers nichts anderes als ein Ausfluss der künstlerischen Intuition ist. Wenn wir von einem Philosophen das vermittelnde Bild versuchen zu erstellen, dann suchen wir letztlich

---

[21] S. 157 - 158, ebd.

nach dem dynamischen Schema, das er als ein ganz einfaches Etwas vor Augen hatte und das ihn zum Denken antrieb.

Nach Bergson kann das Schema zwei Arten annehmen. Ein Schema mit unbeweglichen und starren Formen entspricht dem platonischen Modell. Das Schema ist dann eine unveränderliche Idee, die in plastische Bilder, Geschichten oder Töne konkretisiert und ausgefaltet wird. Die zweite Art von Schema ist fähig für Rückkopplungseffekte. Der Konkretisierungsprozess wirkt zurück auf das Schema selbst. Aber wir dürfen diese Veränderungen des Schemas nicht allein auf den äußerlichen Einfluss begründen. Dieses elastische und dynamische Schema ist fähig, sich zu verändern, weil es zu sich selbst different ist, weil es selbst keine Identität sondern eine Differenz an sich selbst beinhaltet. Denken wir das Schema in sich dynamisch, dann wird es nicht passiv von außen beeinflusst, sondern sein Werden und sein Wandel, auch der Wandel im Prozess der Konkretisierung, liegt letztlich in ihm selbst begründet. Ein ganz einfaches Beispiel aus der Christologie dazu: Stellen wir die zwei Christusbilder "Christus der Befreier" und "Christus die Freiheit" gegenüber, dann lässt sich erahnen, dass das erste Christusbilder fähig ist, ein Werden und eine innere Dynamik zu entwickeln und immer in stetigen Kontakt mit der konkreten Situation sein zu können, während das zweite Christusbild zu einem Schema mit unbeweglichen Formen tendiert und in seiner Allgemeinheit den Bezug zu konkreten Situationen verliert.

Ohne den ganzen Gedankengang von "Die beiden Quellen von Moral und Religion" hier wiedergeben zu wollen, möchte ich doch eine Verbindungslinie zwischen der Differenz der beiden Arten von Schemata und der Differenz von statischer und dynamischer Religion ziehen. Bergson, der in der christlichen Mystik den Höhepunkt der mystischen Entwicklung sieht und diese als *das* Beispiel der dynamischen Religion darstellt, betont sowohl, dass die dynamische Tendenz die statische Religionsform braucht, um sich zu verbreitern, aber ebenso, dass immer wieder ein dynamischer Impuls notwendig ist, damit die Lebensschwungkraft wieder "den glühenden Docht neu entflammen kann". Theologischer formuliert bedeutet das, dass die Kirche immer wieder Heilige braucht, damit der Heilige Geist seine Wirkungen entfalten kann. Auf die Christusbilder bezogen kann man daraus folgern, dass es zur Aufgabe der christologischen Intuition gehört, Schemata von Christus mit unbeweglichen Formen entweder in dynamische - möglicherweise mit einem Sprung - umzuwandeln, oder diesen unbeweglichen Formen neue dynamische Christusbilder entgegen zu stellen.

Wenn wir die christologische Intuition als zu sich selbst different und dynamisch bestimmen, folgern wir daraus nicht, dass es keine Kontinuität gäbe, dass Veränderungen so "äußerlich" im Glauben an Christus sein könnten, dass in einer Epoche etwas ganz anderes oder gegensätzliches geglaubt wird als in einer anderen. Aber Wandlungen im Verständnis von Christus sind in der Kirchengeschichte offensichtlich; ja es gibt sogar Fortschritte: hat nicht die Neuzeit den wesentlichen Begriff "Reich Gottes" ganz neu entdeckt und ins Zentrum gesetzt? Und auch wenn ein Franziskus, ein Ignatius und ein Oscar Romero die Armut als wesentlich für die Nachfolge Christi verstehen, so hat das jeweilige Verständnis und die Ausfaltung von Armut immer eine neue Färbung bekommen. Dass gerade in der Dynamik der christologischen Intuition und in der in ihr liegenden Differenz an sich selbst die Treue zum Ursprung, zu Jesus Christus, bewahrt ist - und nur so einzig möglich ist, das hat Karl Rahner einmal so ausgedrückt: "Denn Geschichte ist einerseits gerade nicht das atomisierte Immer-neu-anfangen, sondern (je geistiger sie ist) das Neu-werden, das das Vergangene bewahrt, und zwar umso mehr als das alte, je geistiger die Geschichte ist. Aber dieses Bewahren, das ein echtes Ein-für-allemal kennt, ist geschichtliches Bewahren nur, wenn - die Geschichte weitergeht und die Bewegung des Denkens von der erreichten Formel weggeht, um sie (sie, die alte, selbst) wiederzufinden."[22]

3. 2. Die Entwicklung des Christusbildes bei Ignatius

Die Entwicklung und Ausdifferenzierung einer ursprünglichen Intuition können wir auch bei Ignatius feststellen. Hugo Rahner stellt in seinem Essay "Ignatius von Loyola und das geschichtliche Werden seine Frömmigkeit" die unter Ignatiusforschern bekannte Frage, ob Ignatius in seiner großen Cardoner-Vision auch die Wesenszüge der Gesellschaft Jesu geschaut habe. Es gibt Befunde, die sowohl dafür als auch dagegen sprechen können. Nach der Zeit in Manresa weiß Ignatius jedenfalls nicht genau, was er tun solle: in einen vorhandenen Orden eintreten? Er weiß nur genau, dass er den Seelen helfen will. Auch als die Pariser Gefährten sich in Italien wieder sehen, zeigt das historische Material, dass sich Ignatius ebenso wie der Gruppe noch nicht bewusst ist, dass aus ihr ein katholischer Orden werden wird. Andererseits ist erstaunlich, mit welcher Sicherheit Ignatius bei der Abfassung der Konstitutionen auch Einzelheiten im Aufbau der neuen Gesellschaft, wie zum Beispiel Verzicht auf ein eigenes Ordenskleid und auf das Chorgebet, entscheidet und sich dabei auf

[22] Rahner, K.: Probleme der Christologie heute, in: Sämtliche Werke, Bd. 12, Freiburg 2006, S. 262.

die Cardoner-Vision beruft. Zum Beispiel schreibt Nadal: "Denn wenn man ihn fragte, warum er dies und das so und nicht anders einrichte, pflegte er zu sagen: "ich berufe mich dafür auf Manresa." und er fügte bei, dass diese Gnade alle anderen Gnaden, die er je empfangen habe, übertreffe."[23] Ich kann mir den Eindruck nicht verwehren, dass Hugo Rahner letztlich das passende Denkmodell fehlt, um dieses Phänomen adäquat beschreiben und erklären zu können. "Ignatius hat in Manresa nur die Grundzüge geschaut, aus denen sich dann später Wesen und Aufgabe seiner Compania ableiten ließen, dies aber so eindringend und leuchtend, dass ihm später vorkam, es passe alles, was er mit seiner Gesellschaft plane, genau in das Grundschema seiner Cardoner-Gnade."[24] Wenn die Cardoner-Vision Ignatius eine christologische Intuition vermittelte, ein dynamisches Schema, das selbst Werden ist, Differenz zu sich selbst, dann ist nur allzu verständlich, dass die Gesellschaft Jesu eine echte Neuschöpfung ist, die erst später geschehen wird, und von der Ignatius zur Zeit der Cardoner-Vision nichts wissen konnte, und trotzdem Ignatius in der Konkretisierungsarbeit seiner Gesellschaft immer wieder auf diese Intuition zurückgreifen wird, die dieselbe geblieben ist, "obwohl" sie sich geändert hat, weil ihr Wesen Werden und Dynamik ist. Das Modell des Finalismus scheitert hier: Ignatius bekommt in seiner Cardoner-Vision keinen Plan für seine Gesellschaft Jesu, auch keinen rudimentären, teilweise verdunkelten Plan, keinen "Bauriss"[25]. Denn das Modell des Finalismus kann letztlich nicht erklären, dass die Gesellschaft Jesu erstens eine spätere echte Neuschöpfung ist, die zweitens in einem geschichtlichen Werden passiert.[26]

Es ist fruchtbar, die kargen Worte von Ignatius selbst über seine Vision zu lesen: "In Andacht versunken, ging er so dahin und setzte sich eine kleine Weile nieder mit dem Blick auf den Fluss, der tief unten dahin floss. Wie er nun so da saß, begannen die Augen seines Verstandes sich ihm zu eröffnen. Nicht als ob er irgendeine Erscheinung gesehen hätte, sondern es wurde ihm das Verständnis und die Erkenntnis viele Dinge über das geistliche Leben sowohl wie auch über die Wahrheiten des Glaubens und über das menschliche Wissen geschenkt. Dies war von einer so großen Erleuchtung begleitet, dass ihm alles in neuem Licht erschien. Und das, was er damals erkannte, lässt sich nicht in Einzelheiten darstellen, obgleich es deren sehr

---

[23] Rahner, H.: Ignatius von Loyola als Mensch und Theologe, Freiburg 1964, S. 97.
[24] S. 98, ebd.
[25] S. 98, ebd.
[26] Es ist wirklich interessant, wie ähnlich das hier vorliegende Problem mit dem von "Schöpferische Entwicklung" (Bergson) ist.

viele waren. Nur dass er eine große Klarheit in seinem Verstand empfinden. Wenn er im ganzen Verlauf seines Lebens nach mehr als 62 Jahren alles zusammen nimmt, was er von Gott an Hilfen erhalten und was er jemals gewusst hat, und wenn er all dies in eines fast, so hält er dies alles doch nicht für so viel, wie er bei jenem einmaligen Erlebnis empfangen hat. Dieses Ereignis war so nachdrücklich, dass sein Geist wie ganz erleuchtet blieb. Und es war ihm, als sei er ein anderer Mensch geworden und habe einen anderen Verstand erhalten, als er früher besaß."[27]

Drei Bemerkungen dazu: Ignatius schaut das Ganze, mit Bergson-Deleuze gesprochen das offene Ganze. In dieser Schau des Ganzen sind Einzelheiten nicht explizit sondern in eingefalteter Weise enthalten. Nur der Prozess des Lebens, das Lernen im Leben kann diese Einzelheiten konkretisieren. Diese Vision veränderte ihn so stark, dass seine geistigen Vermögen, Verstand, Vernunft, Sinnlichkeit, Erinnerung und Einbildungskraft, in einer ganz neuen Weise angeordnet werden, als ob ein neues Kraftfeld sie neu ausrichten würde. Mit diesem neuen Zusammenspiel der geistigen Vermögen besitzt Ignatius nun eine neue Art zu denken, zu empfinden und zu sehen. Ein neues Leben beginnt!

Ignatius wird später seine christologische Intuition untermauern mit dem reflexiven Wissen, das er sich im Studium aneignet. Diese doppelte Vertiefung des Glaubens, "von oben" und "von unten", wird Ignatius auch von seinen Ordensmitgliedern fordern: Exerzitien und ausführliches Studium. Genauso wie die philosophische Intuition die Auseinandersetzung mit den anderen Wissenschaften suchen muss, wie ein Künstler seinen intuitiven Eindruck reflexiv konkretisieren muss, so muss auch die spirituelle Erfahrung für Ignatius durch theologische Studien fundiert werden.

Einige Zitate aus "Psychologie des Jesuitenordens" mögen diese formalen Bemerkungen nun mit Inhalt füllen. Lippert sieht Ignatius in der Tradition des Christusbildes von Paulus. Zwei Empfindungen prägen dieses Bild. "Auf der einen Seite wogt durch diese Seele der glühende Dank des geretteten, den Christus aus tiefer Finsternis berufen, des unwürdigen, den reine Gnade erhoben hat zu neuem seligen Leben in Christus und zum Apostolat. [...] denn auch so kennt ihn Paulus, denselben Christus, der ihn selbst gerettet und erlöst hat; hilfsbedürftig ist er während der ganzen Dauer dieser dahingehenden Welt und in einem Zustand geheimnisvoller Kindheit: er muss in seinen Gläubigen erst heran wachsen und heran reifen zur Altersfülle des Mannes. Sein ganzes Erlösungswerk ist Menschen anvertraut oder vielmehr ausgeliefert.

[27] Ignatius v. L.: Pilgerbericht Nr. 30.

Menschen können seine Erfüllung fördern, aber auch hindern; [...] und die Antwort konnte nur so lauten, dass er von jetzt an Christi Arbeitsklave sein wolle, sein Werkzeug, sein allzeit bereiter und ergebender Diener, der nur für die gar Sache Christus lebt und atmet und leidet und arbeitet und stirbt."[28] Ignatius erlebte ebenso, dass er von Gott in all seiner Schwachheit und Sünde angenommen wird, und dass er die Aufgabe eines Apostels zu übernehmen habe: "den Seelen helfen". Genau dieses Bild wollte er seinen Gefährten und Ordensmitgliedern mitgeben. "Nicht, indem er es etwa auf tote Leinwand malte - wer könnte auch auf solche Weise ein Bild des Lebens lebendig mitteilen? - nein, der Menschenforscher Ignatius ist vielmehr in die eigene Seele hinabgestiegen und hat daher die Organe des Sehens erforscht und entdeckt, die Lichtwege, auf denen ihm sein Gnadenbild sichtbar geworden war. Und dann hat er seine Jünger gesammelt, indem er auch sie sehen lehrte, indem er sie anwies, gleich ihm in ihre Seele hineinzugraben und sie aufzuschließen; denn es braucht nur aufgeschlossene Augen, um das Licht zu sehen."[29] Das Ergebnis ist das bekannte Buch der Exerzitien.

Sehr schön betont Lippert, dass eine christologische Intuition, ein dynamisches Schema, ein Christusbild nicht durch bloße Repräsentation weitergegeben werden kann, weil sonst das Bild wie eine unveränderliche Idee behandelt wird. Man muss vielmehr den Weg des Lernens aufzeigen, die neue Art des Sehens vermitteln und Hinweise für den Prozess geben.

4. Im Leben Nachfolge lernen

Mit der Philosophie von Bergson war es uns möglich, die Erfahrung einer christologische Intuition und die aus ihr entstehenden Bilder und die aus ihr erfolgenden Entscheidungen und Handlungen denkerisch transparent zuzuordnen.

Nun soll am Beispiel von Oscar Romero gezeigt werden, welche "Elemente" in einem Entstehungsprozess einer solchen christologischen Intuition eine wesentliche Rolle spielen. Einige Aspekte des neuen "Bild des Denkens", das der Philosoph Deleuze in seinem Werk "Differenz und Wiederholung" in dem dritten Kapitel vorstellt, sollen uns hier als philosophisches Werkzeug dienen. Da Deleuze stark von Bergson beeinflusst ist, stellt die Einführung eines neuen Philosophen kein Bruch sondern eine wertvolle Ergänzung und Präzisierung dar.

---

[28] Lippert, P.: Psychologie des Jesuitenordens, Freiburg 1956, S. 29 – 31.
[29] S. 33, ebd.

4. 1. Eine "Wiederholung"

Gleich zu Anfang seines Buches stellt Martin Maier den Lebenslauf von Oscar Romero dem von Jesus gegenüber und stellt viele überraschende Parallelen fest.
"Oscar Romeros Tod war ebenso angekündigt und voraussehbar wie des seines Herrn und Meisters Jesus von Nazareth. [...] Beide sind sie in armen Verhältnissen in der Provinz eines kleinen, unbedeutenden Landes geboren. Beide lebten sie aus einer tiefen Verbundenheit mit Gott und beteten bevorzugt in der Nacht. [...] Für beide leitete die Ermordung eines guten Freundes eine entscheidende Wende in ihrem Leben ein. Durch ihre Predigten wurden sie zu öffentlich bekannten Personen. Sie verkündeten die Güte und die Menschenfreundlichkeit Gottes. Und sie kündigten das Kommen des Reiches Gottes an als neue, geschwisterliche Ordnung unter den Menschen. Beide ergriffen sie Partei für die Armen und die gesellschaftlich Diskriminierten. Dabei wurde es für sie zu einer beglückenden Schlüsselerfahrung, dass sich Gott ihnen gerade in denen zeigte, die nach den gängigen Maßstäben nichts zählen. In der Tradition der Propheten dieser Welt klagten sie Ungerechtigkeit und Korruption an. [...] Doch wie die Propheten waren sie voller Hoffnung auf eine bessere Zukunft. [...] Man warf ihnen vor, dass sie sich in "schlechte Gesellschaft" bewegten. [...] Beide sind sie auch in eine Konfrontation mit den imperialistischen Großmächte in ihrer Zeit geraten. Beiden wurde gerade etwa drei Jahre Zeit gelassen für ihr Wirken in der größeren Öffentlichkeit. [...] Sie haben ihren Tod bewusst in Kauf genommen, und doch blieb ihnen Todesangst nicht erspart. Ihre Ermordung wurde kalt berechnet. Beide haben sie ihren Henkern vergeben. Nach menschlichem Ermessen sind sie gescheitert. Trotzdem sind sie mit dem Glauben in den Tod gegangen, dass ihre Lebenshingabe nicht umsonst sein würde."[30]
Die Theologie sagt dazu Nachfolge, die Philosophie Wiederholung. Aber was ist das für eine Art von Wiederholung? Wird da das Gleiche wiederholt, wie diese Parallelisierung möglicherweise nahe legen könnte? Nein, es hat wahrlich nichts mit einer mechanischen äußerlichen Wiederholung gemeinsam. Es wird nicht das Selbe, das Identische wiederholt, sondern spirituell gesprochen ein Lebensweg, philosophisch ausgedrückt: eine Frage, ein Problem, eine Differenz, eine Dynamik wurde hier wiederholt. Zuletzt in einer sprachlichen

---

[30] Maier, M.: Oscar Romero, Freiburg 2001, S. 15 – 16.

hypostatischen Union von Philosophie und Theologie formuliert: die Intuition Christi wurde wiederholt!

4. 2. Der Lernweg des Oscar Romero

Oscar Romero wurde am 15. August 1917 geboren als das zweite von acht Kindern in dem Provinzstädtchen Ciudad Barrios. Er wurde damit im flächenmäßig kleinsten Land von Zentralamerika, El Salvador, geboren. Von seiner Geburt bis zu seinem Tode 1980 vervierfachte sich die Bevölkerung, so dass El Salvador das am dichtesten besiedelte Land von ganz Lateinamerika geworden ist. In derselben Zeit wurde Kaffee zum Exportgut Nr. 1. Damit zusammenhängend setzte sich eine zusätzliche Konzentration des Grundbesitzes in den Händen einiger weniger ein. Die große Mehrheit der Bevölkerung hatte keinen Grundbesitz. Hoher Bevölkerungsdichte und ungleiche Landverteilung sind Hauptgrund für die politischen Krisen und die staatliche Repression. Die Situation verschlechterte sich in der Zeit der Weltwirtschaftskrise, auf die die Bevölkerung mit einem Bauernaufstand unter der Führung von Marti, der von kommunistischen Ideen inspiriert war, reagierte. Der Aufstand wurde durch die Armee und mit amerikanischer Hilfe blutig niedergeschlagen: über 30.000 Tote.

In den sechziger Jahren begann im Volk von El Salvador wieder die Erkenntnis zu wachsen, dass die extremen sozialen Gegensätze und die ungleiche Landverteilung auf Dauer nicht hinzunehmen seien. Neue soziale Bewegungen, Gewerkschaften und links orientierter Parteien entstanden. Die landlosen Bauern auf ihrem Weg, sich zu organisieren, wurden durch die katholische Kirche und dem Erzbischof Gonzalez unterstützt. Die Oligarchie sah in diesen sozial engagierten christlichen Gruppen natürlich eine Bedrohung ihrer Interessen. Nicht nur, dass sie systematisch die geplante Landreform boykottierten, sondern noch mehr eine blutige Christenverfolgung in Gang setzten.

Romero ist ebenfalls in armen Verhältnissen aufgewachsen. Mit 13 Jahre ging er auf eigenen Wunsch in das kleine Seminar. 1937 kam Romero in das Priesterseminar in der Hauptstadt San Salvador. Ein halbes Jahr später wurde er nach Rom an die Gregoriana geschickt. Hier machte er das erste Mal ignatianische Exerzitien. Diese Spiritualität wird zu seiner wichtigsten geistlichen Quellen. Immer wieder wird er in seinem Leben sich für Exerzitien zurückziehen. Am 4. April 1942 empfängt Romero die Priesterweihe. Schon damals legt Romero besonderen Wert auf die Armut des Priesters, auch wenn er sie nicht als Gelübde ablegt. Wegen des Zweiten Weltkrieges kann er seine Studien in Rom nicht abschließen.

In der Zeit als Seelsorger in San Miguel von 1944 bis 1967 fallen zwei Punkte besonders auf. Er folgte seinem Ideal und lebte sehr anspruchslos. Er teilte sein Essen mit Armen und Bettlern und ließ sie auch im Pfarrhaus übernachten. "Bei den Reichen holte er die Almosen und gab sie den Armen. So erleichterte er den Armen ihre Probleme und den Reichen ihr Gewissen."[31] Mit dieser Praxis rührte Romero nicht an die Unrechtsverhältnisse selbst. "Padre Romero - das war ein Freund der Reichen und ein Freund der Armen. Den Reichen sagte er: liebt die Armen. Und zu uns Armen sagte er: liebt Gott, denn er weiß schon, warum er euch den letzten Platz in der Reihe gibt, ihr werdet nämlich die Himmel bekommen."[32]

Romero vertrat ein hohes Priesterideal. Dies ließ er sich auch im Umgang mit seinen Mitbrüdern anmerken, verhielt sich teilweise intolerant und nahm Anstoß an andere Priester.

1967 wurde Romero zum Sekretär der Bischofskonferenz von San Salvador und zum Sekretär des bischöflichen Sekretariats von Zentralamerika und Panama ernannt. Somit war Romero auch an der Vorbereitung der Zweiten Generalversammlung des lateinamerikanischen Episkopates im Oktober 1968 "Medellin" beschäftigt. Ausgehend von der gegenwärtigen gesellschaftlichen Situation in Lateinamerika und dem Blickwinkel des Konzils vollzogen die Bischöfe eine revolutionäre Grundentscheidung: die vorrangige Option für die Armen. Das jahrhundertelange Bündnis der Kirche mit den Mächtigen und den Reichen wurde damit beendet. Sowohl die lateinamerikanischen Oligarchen als auch die Regierung von USA sahen ihre Interessen in Gefahr. "Gott in einen Zusammenhang mit den politischen und wirtschaftlichen Strukturen zu bringen wurde als Marxismus und Kommunismus eingeschätzt."[33] Oscar Romero fürchtete sehr die Konflikte, die aus einer konsequent durchgeführten Option für die Armen für die Kirche entstehen würden. "So fing er nervös zu zittern an, wenn die Rede auf die Texte von Medellin kam."[34]

1970 wurde Romeros zum Weihbischof ernannt. Die Aufzeichnungen aus den Exerzitien zu Vorbereitung auf die Bischofsweihe zeigen, dass die Suche nach dem Willen Gottes ihm sehr am Herzen lag. Sehr bezeichnend ist, dass er diesen Willen in den Zeichen der Zeit und im Dialog mit den anderen Menschen zu finden suchte.

Im selben Jahr fand die nationale Pastoralwoche statt, die die Umsetzung der Beschlüsse des Zweiten Vatikanischen Konzils und der Bischofsversammlung von Medellin auf die Situation

[31] S. 24, ebd.
[32] S. 24f., ebd.
[33] S. 27, ebd.
[34] S. 27, ebd.

von El Salvador zum Ziel hatte. Zwei Fraktionen kristallisierten sich heraus: die eine Gruppe unter dem damaligen Erzbischof Gonzalez und seinen Weihbischof Damas wollten die Option für die Armen in Formen der Pastoral umsetzen. Die anderen sahen darin eine gefährliche Politisierung der Kirche. Romero schwankte zwischen den beiden Positionen hin und her. Als die Pastoralwoche in der Bischofskonferenz und auch von Rom her kritisiert wurde, reihte sich Romero in die Reihe der Kritiker ein.

Seine Einstellung konnte er überdeutlich artikulieren, als er Chefredakteur der diözesanen Wochenzeitung wurde. In einem Artikel zeigte er Verständnis für die militärische Besetzung der Nationaluniversität und rechtfertigte so indirekt die Repression. In einem anderen Artikel behauptete er, dass in dem Gymnasium San Jose der Jesuiten marxistische Ideologie verbreitet würde. Sowohl in einem vertraulichen Memorandum für Rom als auch in einer Predigt kritisierte er die politische Theologie von Ellacuria als auch die neue Christologie von Sobrino und zweifelte ihre Orthodoxie an.

1974 wurde Romero Bischof der Diözese Santiago de Maria ernannt. Seine konservative Einstellung, die mit viel Ängsten und einem Bedürfnis nach Sicherheit verbunden waren, veränderte sich in den nächsten gut zwei Jahren "zaghaft", angestoßen durch zwei wichtige Erfahrungen. Erstens hatte er in dieser Zeit einen lebendigen Kontakt mit den Armen. Im Gegensatz zu seinem Vorgänger besuchte Romero mit seinem Jeep alle größeren und kleineren Orte seiner Diözese auf, um insbesondere die Sakramente zu spenden.

Angesichts des Elends, der Krankheiten und Leiden wurde Romero nach und nach die strukturelle Dimension der Armut bewusst. Auch wenn er für die Kaffeepflücker eine warme Mahlzeit organisierte und sein Pfarrhaus zur Übernachtung frei gab, so konnte er damit höchstens Symptome einer tiefer liegenden Krankheit lindern. Die zweite einschneidende Erfahrung war das Massaker von Las Tres Calles am 21. Juni 1975. Sechs Campesinos, alle als Katechisten in der Kirche aktiv, wurden von Mitgliedern der Nationalgarde gefoltert und ermordet. Damals konnte Romero sich noch nicht dazu entscheiden, dieses Massaker öffentlich zu kritisieren. Er schrieb nur einen persönlichen Brief an den Präsidenten.

Romero fing an, die sozialpolitischen Realitäten seines Landes unverblümt wahrzunehmen: er veranstaltete ein Seminar über das heikle Thema der Agrarreform und beschäftigte sich persönlich intensiver mit den Dokumenten von Medellin.

1977 wurde Romero zum Erzbischof berufen. Die politische Intention des Nuntius und Roms war, dass Romero die Kirche von El Salvador von ihrer gefährlichen Politisierung befreien würde. Nach dem Scheitern der lang geplanten Agrarreform zeigten sich deutlich eine Zuspitzung der politischen Lage und ein Anwachsen der Repression gegen die Landbevölkerung. Die Präsidentschaftswahlen am 20. Februar waren durch massive Wahlfälschungen überschattet. Bei der großen Protestkundgebung der Opposition gegen den Wahlbetrug am 28. Februar tötete das Militär mehr als 100 Menschen - sieben Tage nach der Amtseinführung des neuen Erzbischofs.

Die entscheidende Wende im Leben von Romero geschah durch die Ermordung seines Freundes, dem Jesuitenpater Rutilio Grande. Dieser hatte 1972 mit einigen Mitbrüdern begonnen, in dem Bauerndorf Aguilares eine bewusstseinsbildende und befreiende Pastoral im Sinne von Medellin umzusetzen. Dazu gehörten Bibelgespräche nach dem Dreischritt Sehen, Urteilen, Handeln. Daraus ergab sich, dass die Landarbeiter begannen, sich gewerkschaftlich zu organisieren. In diesen Entwicklungen sahen die Großgrundbesitzer eine Bedrohung ihrer Interessen. Als Grande am 13. Februar bei einer Protestdemonstration eine flammende Predigt hielt, fällten wohl die Großgrundbesitzer das Todesurteil. Am 12. März 1977 wurde Grande zusammen mit zwei Begleitern auf dem Weg zu einem Gottesdienst aus einem Hinterhalt ermordet. Die drei Toten wurden in der Kirche von El Paisnal aufgebahrt.

Warum hat Rutilio Grande Romero die Augen geöffnet? Halten wir fest: Grande war ein Freund Romeros. Aber gleichzeitig stand Romero dem pastoralen Handeln von Grande und seinem Projekt in Aguilares kritisch gegenüber. Diese Spannung zwischen der Einstellung zur Person und deren Meinungen und Aktivitäten war wichtig. Romero war im Innersten erschüttert, als er seinen toten Freund sah. Als er sich das schlichte Zimmer von Grande zeigen ließ, murmelte er vor sich hin: "er hat wirklich arm gelebt." Grande hat also genau das Priesterideal erfüllt, welches ihm so wichtig war. Noch mehr: Grande beschloss sein Leben mit der größten Liebe: sein Leben für die Freunde hin zu geben. Diese Erkenntnis bekundete Romero, als er noch in derselben Nacht eine Messe feierte und diese Stelle aus dem Johannesevangelium auswählte. Romero selber schreibt später über seine intuitive Einsicht: "wenn sie ihn für das umgebracht haben, was er getan hat, dann muss ich denselben Weg gehen. Rutilio hat mir die Augen geöffnet."[35]

---

[35] S. 42f, ebd.

4.3. Ein neues Bild des Denkens gegen das Repräsentationsdenken

Im dritten Kapitel von "Differenz und Wiederholung" entwickelt Deleuze acht Postulate des dogmatischen Bildes des Denkens, des Repräsentationsdenkens. Jedem dieser acht Postulate kann er ein Postulat eines "bildlosen" Denkens, das die Differenz und die Wiederholung positiv zu denken vermag, gegenüber stellen. Wir brauchen uns nicht mit allen acht Postulaten ausführlich beschäftigen. Einige Aspekte genügen, um zu zeigen, dass Oscar Romero in seinem Lernprozess einen ähnlichen Wandel weg von einem dogmatischen Denken hin zu einem neuen Denken vollzogen hat. Wir werden die Begriffe von Deleuze gut mit unseren Gedanken zur christologischen Intuition und denen von Bergson verbinden können. Der Werdeprozess der christologischen Intuition des Oscar Romero wird sich dadurch erhellen

Beginnen wir mit dem letzten Postulat: das alte Modell des Denkens geht davon aus, dass Lernen Anhäufung von Wissen ist. Lernen ist der Weg, Wissen zu bekommen. Wissen ist das Ziel des Lernens. Wir finden dieses Modell auch in der Theologie und in der Kirche: Glaube ist das Zustimmen zum Glaubenswissen: das depositum fidei. Pastoral besteht dann unter anderem aus der Weitergabe dieses Wissens. Wenn der Leser nun dieses Modell mit unseren Gedanken zur christologischen Intuition vergleicht, kann er sofort feststellen, dass die christologische Intuition nicht in dieses Modell einzuordnen ist: denn man kann sie erstens nicht sprachlich genau darlegen; sie ist Quelle jeder sprachlichen Ausfaltung, aber sie ist nicht repräsentierbar. Außerdem ist in dem orthodoxen Modell des Denkens der Inhalt des Wissens etwas Festes, Beständiges. Wir haben die christologische Intuition aber als zu sich selbst different und dynamisch bestimmen müssen.

Das dogmatische Bild des Denkens begründet sich immer "auf psychologisch kindische, sozial reaktionäre Beispiele"[36]. Der Lehrer fragt: "Was ist das?" Die Schüler antworten: "Das ist ein Tisch (oder Ähnliches)." Oder der Lehrer sagt: "Diese mathematische Aufgaben löst ihr nach folgender Methode." Daran kann man gut die einzelnen Postulate aufzeigen:

8. Postulat: Wissen als Ziel des Lernens. Bei beiden Beispielen geht es um Wissen.

7. Postulat: Ob etwas wahr oder falsch ist, wird auf der Ebene der Lösungen verhandelt: Wenn der Schüler sagt, das ist ein Stuhl, dann ist es eben falsch. Die Aufgabe ist richtig gelöst, wenn das Ergebnis stimmt.

---

[36] Deleuze, G.: Differenz und Wiederholung, München 1992, S. 204.

6. Postulat: Ein Satz wird über seine Bezeichnung charakterisiert, bzw. ob er mit der Wirklichkeit übereinstimmt, ob er sie abbildet.
5. Postulat: Das einzige Missgeschick des Denkens ist nach diesem Modell der Irrtum. Ein Schüler verwechselt eben zwei Wörter, oder zwei Zahlen, oder zwei Erinnerungen usw.
4. Postulat: Ein wahrer Satz benutzt nach dem Repräsentationsdenken die vier Elemente: Identität, Gegensatz, Analogie und Ähnlichkeit. In die Identität des Gattungsbegriffes ("der Mensch ist ein Lebewesen mit Verstand", Gattung Lebewesen) wird der Gegensatz der Prädikate eingetragen ("mit oder ohne Verstand"). Gattungen sind untereinander analog aufgebaut. Die Elemente in der Art sind ähnlich zueinander.
3. Postulat: Die einzelnen Vermögen, Sinnlichkeit, Einbildungskraft, Erinnerung, Verstand und Vernunft, arbeiten zusammen und richten sich auf ein Objekt.
2. Postulat: Die Vermögen bilden einen Gemeinsinn.
1. Postulat: Und alles beginnt mit der Unterstellung: "jedermann weiß, dass...; niemand vermag abzustreiten, dass..." Das singuläre Werden wird verdeckt, indem man auf der Ebene der Allgemeinheit agiert.

Im neuen Bild des Denkens hat das Lernen eine eigene Qualität. Es geht nicht darum, eine Methode anwenden zu können. Ein ganz neues Bild des Denkens ergibt sich. In den "Dialogen" fasst Claire Parnet dies so zusammen: "Wie das Denken sein vorgegebenes Modell erschüttern, sein Gras wachsen lassen kann, selbst auf kleinstem Raum, an den Rändern, unsichtbar. Die Antwort lautet: durch ein Denken, das nicht durch eine gute Natur und einen guten Willen geleitet wird, vielmehr einer Gewalt entspringt, die dem Denken angetan wird; das sich nicht in der Konkordanz aller geistigen Fähigkeiten [= Vermögen] vollzieht, vielmehr jede einzelne Fähigkeit bis an die Diskordanz mit allen anderen Fähigkeiten trägt; das sich nicht über dem (Wieder-)erkennen schließt, vielmehr sich öffnet und sich fortwährend in Abhängigkeit von einem Außen definiert; das nicht gegen den Irrtum zu kämpfen, sondern sich von einem innerlichen und mächtigeren Feind freizumachen hat: der Dummheit; das sich in der Bewegung des Lernens bestimmt, nicht durch das Resultat von Wissen; das keinem und keiner Macht es überlässt, Fragen zu "stellen" und Probleme "vorzugeben"."[37]

Halten wir an dieser Stelle mehrere Stichwörter fest, die wir gleich genauer explizieren werden und auf den Lebensprozess von Oscar Romero anwenden werden. 1. Echtes Denken

[37] Deleuze, G.; Parnet, C.: Dialoge, Frankfurt 1980, S. 31.

entspringt einer Gewalt, einer Begegnung, die zum Denken zwingt. 2. Bei diesem Denken gibt es kein harmonisches Zusammenspiel der einzelnen geistigen Vermögen, vielmehr werden die Vermögen selbst an ihre Grenze getrieben und treiben sich gegenseitig an ihre Grenzen. 3. Das Denken ist abhängig von einem Außen. (Wie sollte es anderes sein, wenn es einer Gewalt entspringt!) 4. Echtes Lernen bezieht sich auf die Probleme: was sind wahre, was falsche Probleme? Die Wahrheit eines Problems liegt nicht in den Lösungsmöglichkeiten sondern in der Konstitution des Problems selber. Und so ist die Dummheit das Unvermögen, die wahren Probleme zu erkennen.

Ich will den Unterschied zwischen diesen beiden Bildern des Denkens an einem Beispiel verdeutlichen. Am Anfang des Artikels "Probleme der Christologie von heute" schreibt Karl Rahner über dogmatische Formeln, wie zum Beispiel das Bekenntnis von Chalcedon: "Die theologische und lehramtliche Bemühung um eine von Gott offenbarte Wirklichkeit und Wahrheit endet immer in einer exakten Formulierung. Das ist natürlich und notwendig. [...] Ist so die Formel ein Ende, das Ergebnis und der Sieg, der die Eindeutigkeit und die Klarheit, die Lesbarkeit und die Sicherheit schenkt, so hängt doch auch alles bei einem solchen Sieg davon ab, dass das Ende auch ein Anfang sei. [...] Die klarste und deutlichste Formulierung [...] lebt also gerade davon, dass sie Anfang und nicht Ende, Medium und nicht Ziel ist, eine Wahrheit ist, die frei macht für die - immer größere - Wahrheit."[38]

Für einen Repräsentationsdenker ist die Formel von Chalcedon der Endpunkt, die Lösung. Diese Formel gilt es zu wissen. Aber - und das ist hier jetzt das Interessante - man kann dieselbe Formel auch als Problem verstehen. Und genau das tut Rahner, wenn er sie als einen Anfang bezeichnet. Dann wird aus der sprachlichen Formel, die man "äußerlich" wissen kann, deren Wahrheit man auch "äußerlich" glauben kann, ein Problem, das das eigene Denken mitreißt und das Denken und damit die eigene Existenz auf einen Weg des Lernens zwingt. Erst unter dieser Betrachtungsweise wird die sprachliche Formel ein Ausdruck für die christologische Intuition.

4. 4. Romero begegnet dem toten Grande

Nun zurück zu Oscar Romero. Als er Pfarrer in San Miguel war, praktizierte er eine "Lösung" des Problems zwischen Arm und Reich, ohne das Problem selbst richtig wahrzunehmen. Ich bin mir bewusst, dass ich bei dieser Aussage die zwei philosophischen Begriffe "Lösung" und

[38] Rahner, K.: Probleme der Christologie heute, in: Sämtliche Werke, Bd. 12, Freiburg 2006, S. 261.

"Problem", die Deleuze eher in einem erkenntnistheoretischen Zusammenhang entwickelte, auf einen Bereich des Handelns anwende. Aber diese Praxis beruhte nach Romeros eigenen Angaben auf einer gewissen Blindheit. Er konnte oder wollte nicht das strukturelle Problem der Armut in seinem Land sehen. Mit den Begriffen von Deleuze können wir auch sagen, Romero war von "Dummheit" befallen in dem Sinne, dass er nicht fähig war, das wahre Problem sehen und bestimmen zu können.

Versuchen wir nun das Ereignis mit den Begriffen von Deleuze zu analysieren, als Romero vor dem toten Pater Grande stand. Was damals geschah, war eine Begegnung. Dazu ein längeres Zitat: "Es gibt etwas in der Welt, das zum Denken nötigt. Dieses Etwas ist Gegenstand einer fundamentalen Begegnung, und nicht einer Rekognition [das meint: der Akt, wenn unsere Sinne ein Objekt wahrnehmen und die verschiedenen Vermögen wie Sinnlichkeit, Erinnerung, Einbildungskraft und Verstand so harmonisch zusammen arbeiten, dass wir das Objekt genau bestimmen können.] Was einem begegnet, mag Sokrates, der Tempel oder der Dämon sein. Es mag in verschiedenen affektiven Klangfarben erfasst werden, Bewunderung, Liebe, Hass, Schmerz. In seinem ersten Merkmal aber, und in ganz gleich welcher Klangfarbe, kann es nur empfunden werden. Gerade in dieser Hinsicht wiedersetzt es sich der Rekognition. [...] Dagegen lässt das Objekt der Begegnung wirklich die Sinnlichkeit im Sinn entstehen. [...] Das ist keine Qualität, sondern ein Zeichen. Kein sinnliches Sein, sondern das Sein des Sinnlichen. Nicht das Gegebene, sondern das wodurch das Gegebene gegeben ist. Darum ist es in gewisser Weise auch das Unsinnliche. [...] Angesichts dessen, was nur empfunden werden kann (des Unsinnlichen zugleich), befindet sich die Sinnlichkeit vor ihrer eigenen Grenze - dem Zeichen - und schwingt sich zu einem transzendenten Gebrauch auf, der n-ten Potenz. Der Gemeinsinn ist nicht mehr da [...]. Zweites Merkmal: Was nur empfunden werden kann (das sentiendum oder das Sein des Sinnlichen) erschüttert die Seele, macht sie "perplex", d.h. zwingt sie, ein Problem zu stellen. Als ob der Gegenstand der Begegnung, das Zeichen, Träger des Problems wäre, als ob er problematisch wäre."[39] Die Begegnung mit dem toten Freund ließ Romero etwas empfinden, etwas Unsinnliches: dass Grande wirklich Jesus nachgefolgt ist. Der arme und bescheidene Lebensstil des Freundes wurde Romero zum Zeichen; ja noch viel mehr der Tod Grande selbst wurde ihm zum Zeichen: die Frage "was ist wahre Nachfolge Jesu" tauchte auf und wurde gleichzeitig beantwortet in diesen Zeichen. Aber damit kam das Problem zum

---

[39] Deleuze, G.: Differenz und Wiederholung, München 1992, S. 182.

Vorschein: dass die Situation der Armen, für die Grande sein Leben opferte, etwas Wesentliches über Gott aussagte! Wie Gott denken angesichts dieser Ungerechtigkeit?
Das "Außen" ist immer das, was uns zum Denken zwingt. Es ist das Problem, das uns den Weg des Lernens gehen lässt. Für Romero ist es wohl die Frage: Wie Gott denken angesichts dieser Ungerechtigkeit? Wie an ihn glauben, wie ihm dienen? Der Weg des Lernens wird die christologische Intuition sein, dass ich im Armen Christus selber erkenne. Das Ziel dieses Weges ist nicht das Wissen, sondern die Hinwendung zu den Armen ist Begegnung mit Christus, der Kampf für ihre Befreiung ist Nachfolge Jesu. Wer sich in diese "Erkenntnis" hinein begibt, wird in einem Prozess hineingerissen, der alle Vermögen zu einem "magis", einem Mehr antreibt - wir können dies sehr deutlich an den letzten drei Jahren des Lebens von Romero verfolgen. Wenn Deleuze davon spricht, dass die Vermögen an ihre Grenze getrieben werden, zu ihrem transzendenten Gebrauch angehoben und in ein diskordantes Spiel gebracht werden, dann können wir dies mit der Aussage von Bergson verbinden, dass ein Philosoph seine Intuition nur empfinden aber nicht sprachlich repräsentieren kann - sein ganzes Leben lang wird er mit seinen Begriffen und Gedanken um einen Ausdruck für diese Intuition ringen. Es geht dann bei beiden Philosophen um dieselbe Struktur der Erkenntnis. Beide Beschreibungen können sich gegenseitig erhellen.
Seit der Begegnung mit dem toten Pater Grande hat Romero die Empfindung einer neuen christologischen Intuition, um die er in den folgenden Jahren sprachlich ringen wird, die sein Denken antreiben wird. Seine Vermögen wird er auf die nichtrepräsentierbare Intuition richten. Dadurch werden sie an ihre Grenzen getrieben.

4. 5. Erschütterung der Autonomie

Wesentlich erscheint mir, dass im Kern dieser christologischen Intuition ein Außen enthalten ist, etwas nicht rein Theologisches: die Machtverhältnisse in San Salvador, die Ungerechtigkeiten, das geschichtliche Ereignis, dass sein Freund ermordet wurde.
Ich glaube, jede echte christologische Intuition hat ein solches nicht-theologisches Element. Zwei Argumente dafür:
1. Jesus Christus ist wahrer Gott und wahrer Mensch. Damit ist im Christentum selbst in Gott etwas Nicht-Göttliches. Nach diesem theologischen Hinweis zwei philosophische:
2. "Die Philosophie bedarf einer Nicht-Philosophie, die sie umfasst, sie bedarf eines nicht-philosophischen Verständnisses, sowie die Kunst der Nicht-Kunst bedarf und die Wissenschaft der Nicht-Wissenschaft. [...] sie brauchen sie vielmehr in jedem Moment ihres

Werdens oder ihre Entwicklung."[40] Sowohl Deleuze als auch Romero geben in ihrem jeweiligen Gebiet eine Autonomie auf, um damit ein neues Denken zu erreichen.

Deleuze verabschiedet sich von einem Bild des Denkens, das im Selbstbewusstsein einen autonomen und unabhängigen Punkt sieht, in dem sie die Wahrheit de iure besitzt. Nochmals Parnet in den "Dialogen": "In Differenz und Wiederholung hast du diese Imagines, diese Bilder zu katalogisieren versucht, die dem Denken autonome Zwecke vorgaukeln, um es desto leichter für kaum eingestehbare Zwecke gefügig zu machen."[41] Mit einer ähnlichen Autonomie ausgestattet verstand sich die Kirche vor dem zweiten Vatikanischen Konzil. Aus der Gnadenlehre, die streng zwischen den zwei unabhängigen Stockwerke Natur und Gnade unterschied, ergab sich eine scharfe Grenze zwischen Kirche und Welt, zwischen Glaube und Geschichte.[42] Daraus ergab sich eine Autonomie der Kirche, mit der sie de iure aus sich heraus die Wahrheit und ihre Berechtigung besaß. Natürlich sah sich die Kirche immer in Relation zu Gott und Christus, aber diese Relation war ja als unaufgebbar verbürgt.

Es war eine der großen Revolutionen des Konzils, dass es diese Trennung zwischen Kirche und Welt aufgab. Romero selbst vollzog diesen Wandel auch in seinem Denken. "Eine der Veränderungen in der heutigen Kirche besteht darin, dass sie diese Dichotomie, diese Trennung zwischen Kirche und Welt, aufgehoben hat, und zwar deshalb, weil sie die Einheit zwischen der profanen Geschichte und der Heilsgeschichte verstanden hat."[43]

Die politisch fatale Konsequenz eines solchen Denkens ist eben, dass die Kirche in ihrer verblendeten Einstellung, autonom zu sein, häufig genug für unmenschliche politische Zwecke eingespannt worden ist. Die Geschichte El Salvadors ist nur ein Beispiel unter vielen. Romero hat diese Einstellung verlassen, weil der Tod von Pater Grande seine Seele "erschüttert" hat. Mit seiner neuen Sichtweise von Gott und Welt wurde das Fühlen, Denken und Leben der Armen für ihn wesentlich. Trennung und Autonomie waren beendet. Wenn Romero in den Armen Christus sieht, dann ist das Außen im Innen virulent und gegenwärtig!

---

[40] Deleuze, G.; Guattari, F.: Was ist Philosophie?, Frankfurt 1996, S. 260.

[41] S. 30, ebd.

[42] Vgl. Martin Maier: Oscar Romero, Freiburg 2001, S. 109.

[43] Romero in einer Predigt, Maier, M.: Oscar Romero, Freiburg 2001, S. 117.

5. Mystische Intuition

Wir haben unsere Überlegungen begonnen mit der Frage, was das Spezifische der systematischen Theologie sei, wenn es nicht in der Zusammenfassung von wissenschaftlichen Einzeluntersuchungen verschiedener anderer theologischer Disziplinen wie Exegese oder Kirchengeschichte besteht. Mit Bergson kamen wir auf die Intuition und suchten dann nach einer christologischen Intuition, nach Beispielen und Merkmalen derselben.

Systematische Theologie braucht eine christologische Intuition, ansonsten ist sie nicht viel wert. Und diese Intuition ist eine mystische. "Hans Urs von Balthasar hat des öfteren darauf hingewiesen, wie sehr das heutige Glaubensbewusstsein und theologische Denken durch das Auseinandergehen von Theologie und Heiligkeit geschwächt wurde. Bis hin zur Zeit des Heiligen Thomas von Aquin bildeten charismatische und theologische Ausdeutung des Glaubens eine innere Einheit, doch nach der Hochscholastik entfernten sie sich immer mehr voneinander [...]: "die wissenschaftliche Theologie wird gebetsfremder und damit unerfahrener im Ton, mit dem man über das Heilige reden soll, während die erbauliche Theologie durch zunehmende Inhaltslosigkeit nicht selten falscher Salbung verfällt";"[44]

Nur noch zwei Anmerkungen zum Schluss:

1. Bergsons "Die beiden Quellen der Moral und der Religion" gipfelt in der Beschreibung der mystischen Intuition. Man könnte auch an dieser Stelle einiges über diese wunderschönen Passagen aufführen. Aber ich glaube, für unsere Fragestellungen waren Bergsons Gedanken über die philosophische Intuition weiterführender.
2. Mit mystischer Intuition meine ich keine weltabgewandte Mystik. Eine wahre christologische Intuition wird sich immer idiomenkommunikativ über Gott und Mensch, Kirche und Welt, Natur und Gnade, Glaube und Geschichte in Wort und Tat ausdrücken.

---

[44] Schneider, M.: Unterscheidung der Geister. Die ignatianischen Exerzitien in der Deutung von Przywara, Rahner und Fessard, Innsbruck 1983, S. 13.

II. Dezentrierungen in modernen Christologien und das Christusereignis als zureichender Grund

1. Zwei Möglichkeiten der Begriffsbildung

Die klassische Definition vom Menschen, die Aristoteles aufgestellt hat, lautet: "Der Mensch ist ein Tier mit Verstand." Sie ist ein Beispiel einer Begriffsbildung, die versucht, das "Wesentliche" kurz und klar aufzuzeigen. Aus der Gattung der Tiere wird fein säuberlich durch die spezifische Differenz (mit oder ohne Verstand) die Art "Mensch" herausgeschält. Dagegen stellt Deleuze in seinem letzten Buch "Was ist Philosophie?" eine neue Konzeption des Begriffs vor, der sich nicht auf das Wesen bezieht, sondern auf das Ereignis: "Der Begriff eines Vogels liegt nicht in seiner Gattung oder seiner Art, sondern in der Zusammensetzung seiner Haltungen, seiner Farben und seines Gesangs [...]".[45] Worin liegt genau der Unterschied zwischen diesen beiden Möglichkeiten, einen Begriff zu bilden? In "Die Falte" beschreibt Deleuze den Unterschied so: "Wenn wir den Gegenstand isolieren, reinigen und konzentrieren, zerschneiden wir alle seine Verbindungen mit dem Universum, eben dadurch erschöpfen wir ihn, bringen wir ihn in Kontakt nicht nur mit seinem einfachen Begriff, sondern mit einer diesen Begriff ästhetisch oder moralisch entwickelnden Idee. Wenn dagegen der Gegenstand selbst gemäß einem ganzen Netzwerk natürlicher Relationen erweitert wird, steigt er aus seinem Rahmen heraus und tritt in einen Zyklus oder eine Reihe ein".[46] Die Haltungen eines Vogels stellen sich in ein Umfeld, in eine Reihe von Kontakten mit anderen Gegenständen usw.

Diese zwei Möglichkeiten gibt es auch in der Christologie. Die erste Variante in Reinform hat Sobrino als die Position des "absolut absoluten Christus" bezeichnet. Um zu formulieren, warum Jesus der Christus ist, wird der Begriff Jesus Christus von der konkreten Geschichte isoliert und alle "nebensächlichen" Verbindungen werden abgelöst (absolvere!), um einen auf das "Wesentlichste" reduzierten Begriff von Jesus Christus zu bilden - sein Wesen als hypostatische Union und sein transzendenter Bezug zur Trinität. Sobrino kritisiert dieses

[45] Deleuze, G.; Guattari, F.: Was ist Philosophie?, Frankfurt/M. 1996, S.27.
[46] Deleuze, G.: Die Falte. Leibniz und der Barock, Frankfurt/M. 1995, S.205.

Vorhaben: "Aussagen über die Absolutheit Christi müssen dann einer Kritik unterzogen werden, wenn sie dazu führen, dass die grundlegende historische Beziehung Jesu zum Reich Gottes und zum Gott des Reiches in Vergessenheit gerät. Zur transzendenten trinitarischen Beziehung muss die historische Beziehung hinzukommen: Jesus war nicht für sich selbst da, sondern besaß einen Bezugspunkt im Reich Gottes und im Gott des Reiches. [...] Hier soll es genügen, auf die Tatsache als solche hinzuweisen, um die Folgen eines „absolut absoluten" Christus zu verdeutlichen. Ein solcher Christus entsteht dann, wenn der Mittler Christus verabsolutiert und seine wesensmäßige Beziehung zur Vermittlung, die das Reich Gottes ist, ignoriert wird."[47]

Die zweite Variante möchte den Begriff Jesus Christus in ein "Netzwerk natürlicher Relationen" hineinstellen und überschreitet damit die Abgeschlossenheit eines Identitätsdenkens. Dezentrierungen erfüllen genau die Charakteristika der zweiten Variante von Begriffsbildung. Was soll mit dem Begriff Dezentrierung ausgedrückt werden? Eine Dezentrierung bricht das Zentrum auf und errichtet ein Zwischen. Jesus ist nicht einfach Christus, sondern der Glaubende darf fragen und muss fragen können: Warum ist Jesus der Christus? Diese Frage errichtet eine Differenz, einen Abstand zwischen Jesus und Christus in der Identität von Jesus Christus selbst. In diesem Zwischen sind die drei folgenden Dezentrierungen verortet: dem Reich Gottes dienen, Begegnungen eingehen, geglaubt werden (die ersten zwei Verben sind aktiv, das dritte passiv). Jesus Christus wird in einem Netzwerk von Relationen wahrgenommen. Genau dies lässt den Abstand zum Vorschein bringen.

2. Die drei Dezentrierungen und ihre grundsätzliche Dezentrierung

2.1. Überblick

In modernen Christologien kann man drei Dezentrierungen feststellen. Normalerweise behandelt ein Entwurf explizit ein oder zwei Dezentrierungen. In der Zusammenschau der verschiedenen Ansätze ergibt sich aber, dass diese drei Dezentrierungen zusammen gehören und Grundpfeiler moderner Christologie bilden. Eingerahmt werden alle drei Dezentrierungen von einer grundsätzlichen Dezentrierung:

0) Jesus wird Christus in der Geschichte.

[47] Sobrino, J.: Christologie der Befreiung Bd.1, Mainz 1998, S.35.

Besonders im Bezug auf die Vergangenheit und den Kontext des historischen Jesus muss man diese grundsätzliche Dezentrierung präzisieren:
0.1) Jesus ist ein Jude und hat seinen Ort in der jüdischen Geschichte.
(Die dritte Dezentrierung wird den zukünftigen Aspekt dieser grundsätzlichen Dezentrierung formulieren.)
1) Jesus wird Christus, *indem*[48] er dem Reich Gottes dient, es erhofft, an das Reich Gottes glaubt und verkündet in Wort und Tat, bis zur letzten Konsequenz.
2) Jesus wird Christus, *indem* er anderen Menschen begegnet, sie hochachtet, von ihnen lernt, weil er das Göttliche im Zwischen, in der Begegnung erfährt und benennt.
3) Jesus wird Christus, *indem* Menschen an ihn glauben und sich dieser Glaube durch die Nachfolgenden in der Geschichte als heilige Macht erweist bis heute. "Christus hat keine Hände außer unseren Händen."
Im Folgenden sollen alle drei Dezentrierungen vorgestellt werden und danach der Zusammenhang dieser drei Aspekte und die Grundlegung und Konsequenzen aufgezeigt werden. Drei moderne Christologien stehen dabei exemplarisch im Mittelpunkt: Die Befreiungschristologie von Sobrino, die feministische Theologie der Beziehung von Heyward und die Prozessphilosophie und -theologie.

2.2. Jesus Christus in der Geschichte

2.2.1. Jesus - ein Jude

"Jesus war voll und ganz ein Mensch seiner Zeit und seines jüdisch-palästinischen Milieus des 1. Jahrhunderts, dessen Ängste und Hoffnungen er teilte." "Die jüdische Religion ist nicht etwas "äußerliches", sondern gehört in gewisser Weise zum "Inneren unserer Religion." "Manche Menschen betrachten die Tatsache, dass Jesus Jude war und dass sein Milieu die jüdische Welt war, als einfachen kulturellen Zufall [...] Aber diese Leute verkennen nicht nur die Heilsgeschichte, sondern noch radikaler: Sie greifen die Wahrheit der Menschwerdung selbst an."[49] Das Lehramt hat mit diesen sehr deutlichen Worten klar darauf hingewiesen, dass Jesus in der Geschichte steht, die sich zwischen Gott und seinem Volk Israel ereignet hat und

---

[48] Das „indem" ist nicht im Sinne einer Leistung zu verstehen, die zu erbringen ist, um dann einen Titel zu tragen, wie beim Olympiawertbewerb. Näheres siehe 3.
[49] Zitiert nach Frankemölle, H.: Der Jude Jesus und der christliche Glaube, in: Der Glaube der Christen. Ein ökumenisches Handbuch, München/Stuttgart 1999, S.602 und 603.

immer noch ereignet. Jesus wird Christus nur in dieser Geschichte des Volkes Israels mit seinem Gott, der der Schöpfer der Welt ist.

2.2.2. Jesus Christus - einmalig in der Geschichte

Es gehört zu den Glaubenswahrheiten der Christen, dass Jesus Christus einmalig ist. Das Konzil von Chalcedon bekennt diese Einmaligkeit mit den Begriffen "Natur" und "hypostatischer Union": Jesus Christus ist wahrer Gott und wahrer Mensch. Beide Naturen vereinigen sich in einer Person und einer Hypostase. Nun legt "der philosophische Begriffsapparat" des Konzils von Chalcedon nahe, die hypostatische Union als ein metaphysisch Einmaliges zu betrachten. Die Einmaligkeit wird dann aber jenseits der Zeit, jenseits der Geschichte gedacht. Bergson hat immer wieder darauf hingewiesen, dass im alltäglichen wie wissenschaftlichen Denken es üblich ist, die Zeit nicht in ihrer Eigenart sondern räumlich zu denken. Genau diese Tendenz sehe ich in den Begriffen "hypostatischen Union" und "Natur". Denn der Begriff "Natur" ist in der aristotelischen Lehre von Gattungen und Arten verortet, die die Dinge jenseits der Eigenart der Zeit einteilt.

Der christologische Ansatz dieses Artikels will die Einmaligkeit Jesu Christi zeitlich, geschichtlich verstehen. Man mag einwenden: "Aber in der Geschichte ist doch alles einmalig. Dann ist die obige Aussage doch tautologisch." In gewisser Weise stimmt das. In einer aristotelischen Ontologie kann man feststellen, dass in der "Natur: Mensch" n Elemente enthalten sind, in der "Art: Vogel" m Elemente enthalten sind. Bei der ontologischen Besonderheit "hypostatische Union" gibt es nur ein Element: Jesus Christus. Wenn man aber zeitlich und geschichtlich denkt, kommt man zu dem Schluss, dass jeder Mensch einmalig ist. Genau diese banal klingende Aussage erzwingt die Frage: In welcher Weise ist Jesus Christus in der Geschichte einmalig? Der christologische Ansatz dieses Artikels geht davon aus, dass dies mit den drei Dezentrierungen zu beantworten ist.

2.3. Jesus Christus und das Reich Gottes

Es ist Allgemeingut, dass das zentrale Thema des historischen Jesus die Verkündigung des Reiches Gottes war. Die entscheidende Frage aber ist, wie sich diese unbestrittene Tatsache im Christologiekonzept auswirkt. Sie hat einerseits erkenntnistheoretische Bedeutung für uns Glaubenden heute, weil wir in der Bewegung einer Christologie von unten zuerst die Geschichtlichkeit Jesu erfassen - in Jesu Worten, Taten und Adressaten -, um dann im Glaubensakt darin den umfassenden Christus durchscheinen zu sehen. Aber es darf nicht auf die erkenntnistheoretische Bedeutung verkürzt werden. Denn es gibt andererseits auch eine grundsätzlich christologische, die Sobrino so verdeutlicht: "Jesus war nicht für sich selbst da, sondern besaß einen Bezugspunkt im Reich Gottes und im Gott des Reiches."[50]

2.4. Jesus Christus und die Menschen, denen er begegnet

2.4.1. Das Wunder von der blutflüssigen Frau - die göttliche Macht in der Begegnung

Carter Heyward hat sehr schön und eindrucksvoll die zweite Dezentrierung am Wunder der blutflüssigen Frau (Mk 5, 25-34) aufgezeigt. Wie Sobrino setzt sie sich vom traditionellen Christusbild, des "absolut absoluten" Christus, ab: "Traditionelles Bild: Jesus heilt die Frau. Der neue Entwurf: Ihr Glaube heilt sie. Glaube heißt für die Frau wie für Jesus, Anspruch auf dynamis, die Kraft in der Beziehung zu erheben. Ob die Frau versteht, was geschehen ist, oder nicht, Jesus weiß, dass dynamis der leibhaftige Gott ist und dass der Glaube an diese Kraft in der Tat der Glaube an Gott ist. [...] Jesus hat kein Monopol auf die dynamis. Dies ist schon deshalb nicht möglich, weil dynamis beziehungshaft ist. [...] In dem Maße, wie andere glauben, Jesus sei ihnen überlegen, getrennt von ihnen und von überlegener Autorität, muss er in einen Zwiespalt geraten. Diese Ambivalenz besteht darin, dass Jesus sich selbst als jemand kennt, der unter Menschen Autorität und deshalb eine besondere Rolle in der Gemeinschaft hat, dass er aber auch von sich selbst weiß, dass er - wie alle Menschen - gegenseitige Beziehung, Freundschaft, Liebe, Hilfe, Rat und Unterstützung braucht."[51]

Wir können beide Dezentrierungen miteinander verbinden: Das Reich Gottes ereignet sich bei diesem Wunder im Zwischen, in der Begegnung dieser Frau und Jesus. Jesus heilt, weil er zu Beziehungen und Begegnungen fähig ist und bereit ist, sich von der Frau verwandeln zu lassen. Er dreht sich um und lässt sich von ihrem Glauben beeindrucken: Er zeigt Hochachtung vor ihrem Glauben. Dann kann ihr Glaube nicht direkt auf die Person Jesu als abgeschlossenes Glaubensobjekt zielen. Ihr Glaube zielt auf ein Werden, eine Macht in der Begegnung. Jesus ist offen für diese Macht, ja er dient ihr, aber er ist sie nicht. Jesus wird Christus, weil er dieser Macht dient und sie nicht besitzt: Diese Macht nennt er das Anbrechen des Reiches Gottes, er verehrt sie mit dem Namen Abba, Vater.

2.4.2. Jesus lernt von der Syrophynizierin - Begegnung mit den Fremden

Jesus fühlte sich zu den verlorengegangen Schafen Israels gesandt (Mt 15,24). Das verdeutlicht er der Syrophynizierin sehr deutlich: "Lasst zuerst die Kinder satt werden; denn

[50] Sobrino, J.: Christologie der Befreiung Bd.1, Mainz 1998, S.35.
[51] Heyward, C: Und sie rührte sein Kleid an, Stuttgart 1986, S.95.

es ist nicht recht, das Brot der Kinder zu nehmen und es den Hündchen vorzuwerfen." (Mk 7,27) Sie aber antwortet sehr geschickt, benutzt Jesu Argument in neuer Perspektive und kann ihn dadurch umstimmen: "Ja Herr; auch die Hündchen unter dem Tisch essen von den Brocken der Kinder." Jesus lernte in dieser Begegnung dazu. Durch eine fremde Frau erkannte er, dass er von seinem Vater nicht nur zu den verlorengegangen Schafen Israels gesandt ist. Das Reich Gottes ereignet sich auch in der Fremde, in der Begegnung mit Fremden.

Die Christologie von außen hat in dieser Geschichte ihren innersten christologischen Kern. Nicht nur vermittelt Jesus den Jüngern und uns heute, dass wir in den Fremden Christus erkennen.[52] Dieser innerste Kern einer Christologie von außen fehlt bei Klinger. Vielmehr folgen wir in den Begegnungen mit Fremden Jesus, weil Jesus selber in einer Begegnung mit einer Fremden das Reich Gottes entdeckte und sich auf diese Beziehung einließ und aus ihr lernte.

2.5. Jesus Christus und die an ihn Glaubenden

Die dritte Dezentrierung ist vielleicht die anstößigste, weil sie am deutlichsten die Identität von Jesus als dem Christus in eine Differenz verwandelt, die durch Dynamik, Beziehungen und Geschichte belebt wird. Sobrino formuliert diese Dezentrierung klar über das Gedankenspiel "Was wäre, wenn nicht": "Wenn es tatsächlich in der Geschichte keinen gelebten Glauben an Christus gäbe, weil er unmöglich wäre, dann würde Christus aufhören, Christus zu sein."[53] Unser heutiges In-der-Welt-Leben ist der theologische Ort, in dem Gottes Gnade aufscheint und von dem aus wir auf den Jesus von damals, seinen Glauben und seine Praxis, zugehen. "Nicht nur das "Bild" , das sich die Gläubigen von Christus machen, sondern auch ihr gelebter Glaube, wie sie mit ihrem Leben diesem Bild entsprechen, verhilft der Christologie dazu, dass sie sich in die Wirklichkeit Christi einfühlen kann und die Texte verstehen lernt, die von ihm berichten."[54] Wie ist diese Dezentrierung zu verstehen? Eine rein subjektivistisches Verständnis, dass die Gläubigen Jesus zu Christus machen, ist auszuschließen; wie Bultmann würden wir den Bezug zum historischen Jesus verlieren. In 5.4 wird versucht, ein adäquates Verständnis zu entwickeln.

---

[52] Vgl. Klinger, E.: Auferstehung - die Tötung des Todes, in: Der Glaube der Christen, Ein ökumenisches Handbuch, München/Stuttgart 1999, 717f.
[53] Sobrino, J.: Christologie der Befreiung Bd.1, Mainz 1998, S.48.
[54] Sobrino, J.: Christologie der Befreiung Bd.1, Mainz 1998, S.48.

3. Die Regel der Idiomenkommunikation über das Zustandekommen der hypostatischen Union

Jedem Kenner der katholischen Dogmatik ist sicherlich aufgefallen, dass der Vorsatz der drei Dezentrierungen "Jesus wird Christus, ..." einer Regel der Idiomenkommunikation, die sich auf das Zustandekommen der hypostatischen Union in der Inkarnation bezieht, widerspricht: "Der Satz: das Wort ist Fleisch geworden, ist richtig: denn ein Gegenstand "wird" etwas, wenn dieses Etwas mit Recht neu von ihm ausgesagt wird [...]. Hingegen ist der Satz: der Mensch Jesus ist Gott geworden, genau genommen, unrichtig, weil der Mensch Jesus vor der Inkarnation nicht existierte".[55] Die Regel hat einerseits eine triviale Bedeutungsebene, auf der man der Regel nur zustimmen kann: Der Mensch Jesus ist vor seinem biologischen Lebensanfang nicht existent. Aber auf einer anderen Bedeutungsebene geht die Regel stillschweigend von einem Konzept des absolut absoluten Christus aus. Die Fixierung auf die zeitliche Betrachtungsebene verdrängt die Frage nach dem zureichenden Grund.[56] Denn es geht bei dem Satz "Jesus wird Christus, weil..." nicht um ein einfaches zeitliches Anwachsen, sondern das Verb "wird" verdeutlicht, dass vor der Identität von Jesus und Christus eine genetische Differenz von Jesus und Christus steht.[57] Genau diese genetische Differenz konstituiert die Identität. Wer nach dem zureichenden Grund für die Identität fragt, sucht nach dieser genetischen Differenz, die sich nur in den Ereignissen der Geschichte und den Differenzen in diesen Ereignissen differenziert.

4. Prozessphilosophie und die Dezentrierungen

4.1. Prozessphilosophie: Vom Sein zum Werden, von der Identität zur Differenz

Jede Theologie denkt implizit oder explizit im Rahmen einer Philosophie. Jede Theologie hat sogar ihre ontologischen Vorentscheidungen. Der hier vorgestellte Ansatz ist verortet in der Prozessphilosophie von Whitehead und in der Differenzphilosophie von Gilles Deleuze. Beiden Philosophien liegt eine univoke und dynamische Ontologie zugrunde. Im Rahmen

[55] Diekamp, F.: Katholische Dogmatik nach den Grundsätzen des heiligen Thomas Bd.2, Münster 1959, S.258.

[56] Unsere Kritik ist vergleichbar mit der von Leibniz und Spinoza an Descartes, dass dieser zu schnell vorgehe und etwas behaupte, ohne den zureichenden Grund angeben zu können.

[57] Das "vor" ist natürlich nicht zeitlich sondern logisch zu verstehen.

eines Artikels können zu diesen Philosophien und deren Ontologie nur Andeutungen gemacht werden.

Die zitierte Regel geht von einem statischen Sein aus und stellt es über die Geschichte. Ereignisse, Geschichte, Veränderungen, Handlungen quillen nur aus dem Sein hervor. Aber wie schaut eine Ontologie/Philosophie aus, wenn das Sein sich mitten in Geschichte entfaltet, wenn Sein nur im Werden ist? Genau das hat Whitehead in seiner Philosophie entwickelt.

1. Alles ist Erfahrung. Dieser Anfang in Whiteheads Philosophie eröffnet eine univoke[58] wie relationale Ontologie. Alles besteht aus wirklichen Einzelwesen ("actual entities" im Englischen). "Die letzten Tatsachen sind ausnahmslos wirkliche Einzelwesen; und diese wirklichen Einzelwesen sind komplexe und ineinandergreifende Erfahrungströpfchen."[59]

2. Jedes wirkliche Einzelwesen erfährt die anderen und gerade durch diese Erfahrungen entsteht es, wird es. "Die vielen werden eins und werden um eins vermehrt."[60] In diesem Satz steckt gewissermaßen die ganze Whitehead'sche Philosophie: Realität besteht aus Prozessen.

3. Es gibt Werte im Kosmos. Wenn ein actual entity viele Erfahrungen positiv verarbeitet und zu einem neuen Ganzen transformieren kann, dann ist ein neuer Wert entstanden. Whitehead nennt das Zusammenführen verschiedener Erfahrungen auch Kontrast. Im Entstehen von Werten zeigt sich die Kreativität, welche ein Oberbegriff des Spiels "Die vielen werden eins und werden um eins vermehrt." ist. Ebenso können Werte zerstört werden, wenn actual entities Erfahrungen ablehnen und aussondern.[61] Neue Kontraste haben positiv kosmologische Bedeutung. Diese Kontraste wirken nicht nur in dem einen actual entity weiter. So hat jedes actual entity eine superjektive Natur, d. h. eine Wirkung, eine Bedeutung für andere, für den Kosmos, weil die anderen actual entities dieses eine erfahren und damit seine neuen Kontraste

---

[58] Die Univozität des Seins ist die Ontologie Spinozas. Deleuze ist der heutige Denker dieser Ontologie und hat viel von Spinoza aufgegriffen. Aber auch Whitehead schreibt: Seine Philosophie "steht Spinozas Denkschema sehr nahe." Whitehead, A. N.: Prozess und Realität. Entwurf einer Kosmologie, Frankfurt/M. 1987, S.38. In diesem Artikel kann und muss nicht ausführlich auf die Differenzphilosophie von Deleuze eingegangen werden. Trotzdem sei hier bemerkt, dass die Vorherrschaft der Identität in der klassischen Repräsentationsphilosophie für Deleuze nur zu überwinden ist, wenn die Differenz im Rahmen der Univozität des Seins gedacht wird. Vgl. Pflaum, M.: Deleuze's Differenzdenken und die Idiomenkommunikation. Eine neue Perspektive der Theologie, Frankfurt 1998, 2. Kapitel.

[59] Whitehead, A. N.: Prozess und Realität. Entwurf einer Kosmologie, Frankfurt/M. 1987, S.58.

[60] Whitehead, A. N.: Prozess und Realität. Entwurf einer Kosmologie, Frankfurt/M. 1987, S.63.

[61] Diese abstrakte Redeweise wird am Beispiel des zwischenmenschlichen Zusammenlebens ganz anschaulich. Wenn eine Person z. B. zu zwei verfeindeten Gruppen Beziehungen aufbaut und durch sein Handeln und Reden Schranken abbaut, dann ist er wertvoll, weil er neue Beziehungen ermöglicht. Romeo und Julia ist somit eine Geschichte von Wertentstehung und -zerstörung.

mitaufnehmen. "Das Universum ist immer eins, da es nichts anders überblickt werden kann als durch ein wirkliches Einzelwesen, das es vereinigt. Auch ist das Universum immer neu, da das unmittelbare wirkliche Einzelwesen das Superjekt von Empfindungen ist, zu deren Wesen es gehört, etwas Neues zu sein."[62] Ein Satz aus Deleuzens Leibnizbuch ist ein ergänzender Kommentar dazu: "Der Perspektivismus bei Leibniz, auch bei Nietzsche, bei William und Henry James, bei Whitehead ist zwar ein Relativismus, aber nicht der Relativismus, den man vermutet. Er ist keine Variation der Wahrheit je nach Subjekt, sondern die Bedingung, unter der dem Subjekt die Wahrheit einer Variation erscheint."[63]

4. Aber wie soll ein wirkliches Einzelwesen die verschiedensten Erfahrungen in Kontraste zusammenbringen? Eine Weise der Verarbeitung, ein Potential an Kontrastmöglichkeiten muss ihm gegeben werden. Dies kommt nach Whitehead von Gott. Jedes actual entity bekommt ein initial aim von Gott.

5. Gott ist bei Whitehead auch ein actual entity. Die Univozität des Seins wird durch Gott bei Whitehead nicht aufgehoben. In seiner Urnatur versammelt Gott alle eternal objects. Die ewigen Gegenstände sind "reine Möglichkeiten, die sich fließend realisieren, jedoch auch reine Virtualitäten, die sich in den Prehensionen aktualisieren."[64] Sie ergeben auch die Potentialmöglichkeiten an Kontrasten. Aber wie alle anderen wirklichen Einzelwesen erfährt er die ganze Welt - das ist seine Folgenatur. Es gibt nur zwei Unterschiede zwischen Gott und den anderen Einzelwesen. Erstens ist bei Gott die Urnatur vorrangig. "Für Gott hat der begriffliche Pol Vorrang vor dem physischen, für die Welt gehen die physischen Pole den begrifflichen vor."[65] Zweitens lehnt Gott keine Erfahrungen ab. Alles, was in der Welt passiert, nimmt er in seiner Folgenatur in sich selbst auf. Die Konsequenz daraus drückt Whitehead so aus: "Er ist der Poet der Welt, leitet sie mit zärtlicher Geduld durch seine Vision von der Wahrheit, Schönheit und Güte."[66]

4.2. Die drei Dezentrierungen im Blick der Prozessphilosophie

Ein actual entity hat einen physischen Pol, der alle Erfahrungen aufnimmt, einen begrifflichen, der geleitet vom initial aim Kontraste ermöglicht, und eine superjektive Natur,

[62] Whitehead, A. N.: Prozess und Realität. Entwurf einer Kosmologie, Frankfurt/M. 1987, S.424.
[63] Deleuze, G.: Die Falte. Leibniz und der Barock, Frankfurt/M. 1995, S.37.
[64] Deleuze, G.: Die Falte. Leibniz und der Barock, Frankfurt/M. 1995, S.132.
[65] Whitehead, A. N.: Prozess und Realität. Entwurf einer Kosmologie, Frankfurt/M. 1987, S.621.
[66] Whitehead, A. N.: Prozess und Realität. Entwurf einer Kosmologie, Frankfurt/M. 1987, S. 618.

seine Bedeutung für das Universum. Die drei Dezentrierungen entsprechen diesen drei Begriffen der Prozessphilosophie:

1. Jesus steht in Beziehung zu anderen Menschen, zu Frauen und Männern (physischer Pol) und ist zu echten Begegnungen fähig. Er lehnt keinen ab sondern ist fähig zu Kontrasten. Zusatz: Genau dadurch, dass Jesus in den Beziehungen zu seinen Mitmenschen und seiner Umwelt steht - wie jeder andere Mensch auch -, ergibt sich, dass er in der jüdischen Geschichte verortet ist.

2. Er hat dieses Vermögen, Menschen wirklich und heilsam zu begegnen, weil er dem Reich Gottes dient; es ist sein initial aim, dem er völlig Folge leistet, und damit Gott als "Poet der Welt" in einer ganz klaren Weise transparent macht.

3. Jesus ist als Mensch ein Ereignis bzw. ein wirkliches Einzelwesen. Dieses eine Ereignis wird von vielen Menschen unterschiedlich wahrgenommen. Aber auf ganz unterschiedliche Weise ist die Erfahrung des Jesus von Nazareth bis heute bei Menschen eine heilige: D. h. neue Kontraste werden gebildet im Rückbezug auf diese Ereignis "Jesus". Diese superjektive Natur des Ereignisses Jesus macht ihn auf ständig sich verändernde und erneuernde Weise zum Christus, den göttlichen Impuls in den Menschen, der sie zum Neuen, Guten und Kreativen treibt.

5. Christusereignis

5.1. Deleuzens Ereignisbegriff

Was ist ein Ereignis? Deleuze stellte sich immer wieder diese Frage. Sie faszinierte ihn und hielt sein Denken immer wieder in Bewegung. Es ist äußerst schwierig, den oft tastenden und sehr verwickelten Gedanken von Deleuze über das Thema Ereignis zu folgen. In diesem Artikel müssen einige Aspekte genügen.

In vielen Philosophien entdeckt Deleuze ein Denken, das sich auf Ereignisse bezieht. Leibnizens Monaden kann man z. B. als Ereignisse verstehen, die jeweils einen bestimmten Teil des großen Weltereignisses deutlich ausdrücken. Ebenso sind Whiteheads wirkliche Einzelwesen Ereignisse.[67] Sehr häufig betont Deleuze, dass in jedem Ereignis eine Doppelstruktur vorliegt:

[67] In "Die Falte" widmet Deleuze ein Kapitel Whitehead, das er betitelt "Was ist ein Ereignis?"

"[...] die Doppelstruktur jedes Ereignisses. In jedem Ereignis gibt es den gegenwärtigen Augenblick der Verwirklichung, jenen in dem das Ereignis sich in einem Dingzustand, einem Individuum, einer Person verkörpert und den man mit der Aussage bezeichnet: Nun ist der Augenblick gekommen; [...] Andererseits aber gibt es die Zukunft und Vergangenheit des Ereignisses an sich, das jeder Gegenwart ausweicht, weil es von den Begrenzungen eines Dingzustandes frei, weil unpersönlich und präindividuell, neutral, weder allgemein noch besonders ist, eventum tantum..."[68] An einer anderen Stelle verdeutlicht er die Doppelstruktur in Bezug auf den Ereignisbegriff bei Peguy: Man muss "einerseits den Sachverhalt unterscheiden, der, vollendet oder potentiell vollendet, in einem zumindest potentiellen Verhältnis zu meinem Körper, zu mir selbst steht, und andererseits das Ereignis, das durch seine Realität selbst nicht vollendet werden kann, das Endlose, das weder aufhört noch beginnt, das so wenig endet wie es geschieht, das ohne Bezug zu mir - und mein Körper ohne Bezug zu ihm - bleibt, die unendliche Bewegung".[69] Es gibt in einem Ereignis immer einen aktuellen Teil und einen virtuellen. Der aktuelle ist der Teil, den wir für gewöhnlich im Blick haben. Es ist der einfach wahrnehmbare Ablauf eines Ereignisses.

Exkurs: Das Virtuelle bei Bergson

Um für den virtuellen Teil des Ereignisses eine Verständnisbrücke schaffen zu können, möchte ich auf Bergsons Lehre von der Vergangenheit an sich zurückgreifen, weil diese den Unterschied zwischen Aktualität und Virtualität deutlich machen kann.[70]

Es gibt das Phänomen des falschen Wiedererinnerns: Man wohnt einem Gespräch o. ä. bei und meint, man hätte genau das gleiche schon einmal erlebt. Dazu kommt ein Gefühl der Fremdheit, als ob man allem beiwohnen würde und es als unabwendbar erfährt. An diesem Phänomen konnte Bergson am deutlichsten seine These von der Vergangenheit an sich aufzeigen."Ich behaupte nun, die Erinnerung bildet sich niemals später als die Perzeption, sondern gleichzeitig mit ihr. [...] Nehmen wir einmal an, die Erinnerung bilde sich nicht in unmittelbarem Anschluss an die Perzeption - dann möchte ich fragen: wann entsteht sie eigentlich? Wartet sie, um aufzutauchen, etwa so lange, bis die Perzeption entschwunden ist? [...] Aber wenn die Sache sich so verhielte, müsste der Ablauf unserer bewussten Existenz

---

[68] Deleuze, G.: Logik des Sinns, Frankfurt/M. 1993, S.189.
[69] Deleuze, G.; Guattari, F.: Was ist Philosophie?, Frankfurt/M. 1996, S.183.
[70] Dabei werde ich nicht auf das Hauptwerk "Materie und Gedächtnis" Bezug nehmen, sondern auf den Artikel "Die Erinnerung des Gegenwärtigen und das falsche Wiedererinnern", in: "Die seelische Energie" Jena 1928.

sich ja aus klar abgeteilten Zuständen zusammensetzen, von denen jeder, objektiv genommen, einen Anfang und ebenso auch ein Ende hätte. [...] [Die Gegenwart] teilt sich in jedem Augenblick, schon bei ihrem Auftauchen in zwei symmetrische Strahlen, von denen der eine in die Vergangenheit zurückfällt, während der andere sich in die Zukunft schwingt. Der letztere ist das, was wir Perzeption nennen, und er allein interessiert uns. Wir brauchen die Erinnerung an die Dinge nicht, solange wir die Dinge selbst haben."[71] "Unsere aktuelle Existenz, je mehr sie sich allmählich in der Zeit abrollt, wird solcherart durch eine virtuelle Existenz, durch ein Spiegelbild verdoppelt."[72]

Normalerweise werden wir uns dieser Doppelstruktur nicht bewusst. Das ist ganz im Sinne unseres alltäglichen Lebens und Handelns, das auf dieses Spiegelbild, die Vergangenheit des jeweiligen Augenblicks, die gleichzeitig zum Augenblick entsteht, im Moment des Augenblicks nicht angewiesen ist. Erst später kann die Person diese Vergangenheit in einem Erinnerungsbild aktualisieren, wenn eine Situation ihn dazu anreizt oder er die Erinnerung für sein Handeln braucht. Das Phänomen der falschen Wiedererinnerung entsteht dann, wenn die sehr nützliche Fixierung des menschlichen Bewusstseins auf die Aktualität fallengelassen wird und dadurch die gegenwärtige Situation im Spiegelbild als Vergangenheit wahrgenommen wird: Erinnerung des Gegenwärtigen. "Der Form nach ist es Vergangenheit, dem Stoff nach Gegenwart."[73]

Diese Beschreibungen über das falsche Wiedererinnern könnten den Anschein haben, als handle es sich hier um einen psychologischen Vorgang. Aber das ist es nicht allein. Grundgelegt wird der psychologische Vorgang durch eine ontologische Tatsache: die Vergangenheit an sich. Wer sich erinnert (hier ist nun das normale Erinnern gemeint), "versetzt sich mit einem Schlag in die Vergangenheit [...]. Wir versetzen uns, sagt Bergson, erst einmal in die Vergangenheit im allgemeinen, und damit beschreibt er nichts anderes als den Sprung in die Ontologie. Wir springen wirklich ins Sein [...], ins Sein an sich des Vergangenen. [...] Erst danach, wenn dieser Sprung vollzogen ist, gewinnt die Erinnerung nach und nach eine psychologische Existenz: "vom virtuellen geht sie in den aktuellen Zustand über (...) [Zitat aus "Materie und Gedächtnis"]."[74]

---

[71] Bergson, H.: Seelische Energie, Jena 1928, S.115-117.
[72] Bergson, H.: Seelische Energie, Jena 1928, S.121.
[73] Bergson, H.: Seelische Energie, Jena 1928, S.123.
[74] Deleuze, G.: Bergson zur Einführung, Hamburg 1989, S.75f.

Nur wenn wir diese Ontologie annehmen, kann uns der Exkurs zu Bergson eine Verständnisbrücke zu Deleuzens Ereignisbegriff sein. Der virtuelle Teil des Ereignisses ist aber nicht mit der Vergangenheit an sich gleichzusetzen. Eher wird die Vergangenheit an sich nochmals überstiegen hin zu einer virtuellen Bewegung des Seins an sich - dem virtuellen Teil von Ereignissen.

5.2. Christusereignis

Wenden wir Deleuzens Ereignisbegriff auf das Christusereignis an, so stellt sich die Frage nach dem aktuellen und virtuellen Teil bei diesem Ereignis. Selbstverständlich ist das Leben und Sterben des historischen Jesus als aktueller Teil zu nehmen. Aber das ist nicht der einzige Aktualisierungspunkt des Christusereignisses. "Las Casas [...] nannte die leidenden und getöteten Ureinwohner Amerikas "Christusse" der indianische Länder."[75] Ellacuria stößt auch auf diese Aktualisierung, wenn er fragt: "Was bedeutet für die Heilsgeschichte und in der Heilsgeschichte die Tatsache jener geschichtlichen Realität, die da heißt: unterdrückte Mehrheit der Menschheit? [...] Kann man sie vielleicht als Erlöserin der Welt betrachten gerade weil sie die Sünden der Welt auf ihrem Rücken trägt? [...] Wie vollzieht sich Erlösung der Menschheit seit Jesus? Wer setzt in der Geschichte jene wesentliche Funktion, jene Heilssendung fort, die der Vater dem Sohn anvertraut hat? Die Antwort auf diese Fragen vermag dem Volk Gottes geschichtliches Fleisch zu geben und so die Entgeschichtlichung dieses Grundbegriffs [...] zu vermeiden. Dafür ist die Perspektive der historischen Soteriologie wesentlich."[76]

Aber es ist falsch, nun die Frage nach dem Wesen herkömmlich ontologisch zu stellen: Ist Jesus Christus nicht wesentlich anders als die unterdrückten Völker? Denn genau diese Frage durchschneidet die Beziehungslinien zwischen Jesus und den unterdrückten Völker und will von beiden einen gereinigten Begriff herstellen. Damit verliert man aber auch den virtuellen Teil des Christusereignisses, die unendliche Bewegung, die die Geschichte überhaupt ermöglicht. Ein Zitat von Deleuze mag helfen, um wieder eine neue Weise des Denkens auszuprobieren. "Und wieviele theologische Vorurteile in dieser Geschichte, denn "Was ist?" ist immer Gott[77], als Ort einer Kombinatorik von abstrakten Prädikaten. Es [...] ertönt von

[75] Klinger, E.: Auferstehung - die Tötung des Todes, in: Der Glaube der Christen, Ein ökumenisches Handbuch, München/Stuttgart 1999, S.719.

[76] Ellacuria, I.: Das gekreuzigte Volk, in: Mysterium liberationis, Luzern 1996 Bd.2, S.823.

[77] Man müsste sagen: Gott, wie ihn sich der klassische Theismus vorstellt.

überall "wieviel " , "wie" ,"in welchem Fall" - und "welches?" [...] Diese Fragen sind Fragen nach dem Akzidens, dem Ereignis, der Mannigfaltigkeit - der Differenz -, gegen die Frage nach dem Wesen, gegen die nach dem Einen, nach dem Konträren und dem Widersprüchlichen gehalten."[78] Die Einmaligkeit Jesu Christi soll nicht jenseits der Geschichte formuliert werden. Stelle ich aber diese Frage im Kontext von Geschichte, dann ertönt nicht mehr die Frage "Was ist?" sondern "Wie...", "In welchem Fall... ist Jesus der Christus?". Diese Frageweisen führen uns zu den Dezentrierungen. Der Begriff Christusereignis ermöglicht uns, diese Frage nach der Einmaligkeit Jesu nicht jenseits der Geschichte zu stellen und gleichzeitig nicht in einen Historismus zu verfallen.
Bevor wir der Frage nachgehen, wie der virtuelle Teil des Christusereignisses zu verstehen ist, sind einige Klarstellungen zu den Begriffen Repräsentationsphilosophie und Ideen nötig. Der von Nietzsche geprägte Deleuze verbindet normalerweise den Begriff Gott mit der Repräsentationsphilosophie und versteht damit Gott wie im klassischen Theismus. Bei Whiteheads Philosophie aber erkennt er an: "Selbst Gott [...] wird Prozess, ein Prozess der die Inkompossibilitäten bestätigt und sie zugleich durchläuft."[79] Ebenso wenig wie man bei dem hiervorgelegten Christologiekonzept von einem theistischen Gottesbegriff ausgehen sollte, darf man den virtuellen Teil eines Ereignisses auch nicht als eine platonische Idee verstehen. Aber genauso, wie es jenseits des theistischen Gottesbegriffes mit der Prozessphilosophie z. B. eine Alternative gibt, so muss nicht jedes Philosophieren über Ideen Repräsentationsphilosophie sein, wie ein Zitat aus "Differenz und Wiederholung" belegt: Bergson oder Whitehead schufen "wirklich offene Begriffe, die einen empirischen und pluralistischen Sinn der Idee bezeugen [...] Zunächst sind sie Bedingungen der realen und nicht nur der möglichen Erfahrung. [...] Dieser Aspekt aber erlaubt uns noch nicht zu bestimmen, worin der Wesensunterschied zwischen den beiden Begriffstypen besteht. Das kommt daher, dass zweitens diese Typen gänzlich voneinander geschiedene, irreduzible und unvereinbare Verteilungen steuern: den seßhaften Verteilungen der Kategorien stehen die in den phantastischen Begriffen vollzogenen nomadischen Verteilungen gegenüber. Denn diese sind weder Universalien wie die Kategorien, noch Fälle des hic et nunc, des now here wie das Verschiedene, auf das sich die Kategorien in der Repräsentation beziehen. Sie sind Raum- und Zeitkomplexe, die sicher überall hin transportierbar sind, vorausgesetzt aber, dass sie ihre

[78] Deleuze, G.: Differenz und Wiederholung, München 1992, S.240.
[79] Deleuze, G.: Die Falte. Leibniz und der Barock, Frankfurt/M. 1995, S.135.

eigene Landschaft aufzwingen, dass sie ihr Zelt dort aufschlagen, wo sie sich für einen Augenblick niederlassen: Sie sind daher Gegenstand einer Begegnung und nicht einer Rekognition."[80] Das Virtuelle einer Idee kann nach Deleuze nicht wie eine platonische Idee, weil diese im Rahmen seßhafter Verteilungen entworfen wird.

Wie ist der virtuelle Teil des Christusereignisses zu verstehen? Nehmen wir die Prozessphilosophie und das vorher Gesagte für diese Frage zur Hilfe. Cobb verbindet die initial aims mit Christus, weil die schöpferische Liebe Gottes, insofern sie sich inkarniert, in der Prozessphilosophie begrifflich erfasst durch die initial aims, Christus ist. Insofern ist Christus in allen Dingen gegenwärtig. Trotzdem: "Es sind die lebendigen Dinge, in denen das eigentliche Wirken des Logos auf signifikante Weise sichtbar wird. [...] Christus ist dann am vollkommensten in den Menschen gegenwärtig, wenn sie am vollkommensten für seine Gegenwart offen sind."[81] So können wir von der Prozessphilosophie den virtuellen Teil des Christusereignisses beschreiben als die Bewegung Gottes, die aus dem Fundus der eternal objects, diesen "nomadischen" und pluralen Ideen, in Anbetracht der Ereignisse der Welt die initial aims für weitere actual entities entwirft.

Ist dann das Christusereignis etwas Universales? Eine ähnliche Frage wurde Deleuze im Bezug auf seinen Begriff "Falte" gestellt, worauf er eine Antwort gab, die auch zum Begriff des Christusereignisses passt: "Falten gibt es überall [...]. Dennoch ist die Falte kein Universal. [...] Es gibt zwei Arten von Begriffen Universalien und Singularitäten. Der Begriff der Falte ist immer singulär, er kann nur dadurch Terrain gewinnen, dass er variiert, sich verzweigt, sich wandelt."[82] Ebenso das Christusereignis: Es ist immer einmalig - aber "nur die Unterschiede gleichen sich"[83], weil die Sache selbst, das Christusereignis, sich von sich selbst unterscheidet. Aus dieser Unterscheidung ergibt sich der aktuelle und der virtuelle Teil, und zweiter ist in ständiger Variation, Verzweigung und Wandlung einbegriffen und aktualisiert sich immer wieder neu.[84]

---

[80] Deleuze, G.: Differenz und Wiederholung, München 1992, S.355.
[81] Cobb/Griffin: Prozesstheologie, S.97.
[82] G. Deleuze: Unterhandlungen, Frankfurt 1993, S.227f.
[83] ebd., S.227.
[84] In meiner Arbeit (Pflaum, M.: Deleuze's Differenzdenken und die Idiomenkommunikation. Eine neue Perspektive der Theologie, Frankfurt 1998) habe ich versucht, das Deleuzens Ereignisbegriff auf Kreuzestod und Auferstehung anzuwenden. Diese "Einzelereignisse" müssen natürlich in Bezug gesetzt werden zu dem hier entwickelten Begriff von Christusereignis.

5.3. Das Christusereignis als zureichenden Grund der hypostatischen Union

Nach der Einführung des Begriffs "Christusereignis" gilt es zu fragen: Was leistet dieser Begriff? Der erste Punkt, den ich darlegen möchte, betrifft die hypostatische Union und das Konzil von Chalcedon: "ein und derselbe ist Christus, der einziggeborene Sohn und Herr, der in zwei Naturen unvermischt, unveränderlich, ungetrennt und unteilbar erkannt wird, wobei nirgends wegen der Einung der Unterschied der Naturen aufgehoben ist"[85] Nimmt man nun das Christusereignis als zureichenden Grund der hypostatischen Union an, so lassen sich die Aussagen "unvermischt, unveränderlich, ungetrennt und unteilbar" in positiver Weise ausdrücken: Das Christusereignis verbindet Jesus und Christus, aber ebenso trennt es Jesus und Christus. (Dabei darf keines der Halbsätze allein gelesen werden. Beide Halbsätze bekommen nur den richtigen Sinn in ihrer Kombination.)

Ich bin davon überzeugt, dass durch diese Grundlegung kein Jota des Sinns des Konzils von Chalcedon verändert wird. Und trotzdem passiert dabei etwas Neues. Das "Sprachspiel" des Konzils wird durch ein völlig anderes "Sprachspiel" grundgelegt. Es ist damit ein Wechsel des philosophischen Rahmens verbunden. Die Philosophie der Konzilssprache arbeitet mit Negationen: un-vermischt, un-veränderlich, un-getrennt und un-teilbar. Die Grundlegung geschieht durch ein Differenzdenken. Von dieser Perspektive aus werden die Negationen immer als sekundär und als gewisse Verzerrungen verstanden: "Die Differenz kennt ihre kritische Erfahrung: Immer wenn wir uns vor oder in einer Beschränkung, vor oder in einem Gegensatz befinden, müssen wir danach fragen, was eine derartige Situation voraussetzt. Sie setzt ein Gewimmel von Differenzen voraus, einen Pluralismus von freien, wilden und ungezähmten Differenzen [...]."[86] (Theologisch möchte ich das so übersetzen: Der Geist weht, wo er will.) "überall ist die Tiefe der Differenz primär; [...] Das Negative ist das Bild der Differenz, allerdings ihr flachgedrücktes und verkehrtes Bild".[87]

Mit den drei Dezentrierungen sind wichtige Differenzen benannt, die im Christusereignis wirken, welches als Begriff uns die Möglichkeit gibt, positiv den Sinn des Konzils von Chalcedon auszudrücken.

---

[85] Denzinger / Hühnermann Nr.302.
[86] Deleuze: Differenz und Wiederholung, München 1992, S.76.
[87] ebd., S.77.

5.4. Die drei Dezentrierungen und das Christusereignis

Die drei Dezentrierungen geben den Inhalt dieser Dynamik des Christusereignisses wieder. Z. B. aktualisiert sich in der Verkündigung des Reiches Gottes das Christusereignis - Jesus wird Christus und gleichzeitig erhält das Reich Gottes die Differenz zwischen Jesus und Christus aufrecht. Ähnliches lässt sich auch zur zweiten Dezentrierung formulieren: In echten Begegnungen aktualisiert sich das Christusereignis.

Das Christusereignis übersteigt das historische Leben Jesu, auch wenn in diesem Leben es in einer Weise offensichtlich wurde, die wir Christen im Glauben als klarsten Ausdruck wissen. Dieses übersteigen ist immer gegeben. Man kann es mit Deleuze das Unzeitliche des Ereignisses nennen: "das Werden, ohne das sich nichts in der Geschichte ereignet, aber dennoch nicht mit ihr zusammenfällt."[88] Dieses Unzeitliche des Christusereignisses (dabei ist das oben Gesagte über die Virtualität eines Ereignisses mitzudenken) ermöglicht uns, den Verdacht eines Objekt-Subjekt-Dilemmas bei der dritten Dezentrierung von uns zu weisen. Denn diese Dilemma scheint auf den ersten Blick vorzuliegen: Entweder liegt der Grund, dass Jesus der Christus ist, im Objekt, also z. B. im Leben des Jesus von Nazareth, oder im Subjekt, also in den an ihn Glaubenden. Die Geschichte der Frage nach dem historischen Jesus belegt ganz deutlich, dass dieses Dilemma virulent ist. Zuerst suchte die Leben-Jesu-Forschung im Leben Jesu selbst die Gründe, um den garstigen Graben zwischen dem historischen Jesus und den verkündigten Christus zu schließen. Dann trennte Bultmann den historischen Jesus und seine Verkündigung und Taten, abgesehen von seiner bloßen Existenz, vollkommen vom verkündigten Christus. Dieser verkündigte Christus solle im Hier und Jetzt den Gläubigen zur Entscheidung rufen. Das Christusereignis übersteigt dieses Dilemma. Die dritte Dezentrierung darf nicht subjektiv mißgedeutet werden. Vielmehr aktualisiert sich in den an Christus Glaubenden immer wieder neu das "Unzeitliche" - und zeigt gerade in dieser Vielfalt der Aktualisierung, dass es erstens ein "Unzeitliches" des historischen Jesus gibt und zweitens, dass dieses "Unzeitliche" des Christusereignisses als ein Werden gedacht werden muss, das nie vollkommen real werden kann. Man kann dies auch theologisch formulieren: Es ist die immerwährende und ungeschuldete Gnade Gottes, das uns im Aufbrechen des Reiches Gottes zuteil wird. Das Reich Gottes wächst zwar unter uns, doch nie einer voll konkret

[88] Deleuze/Guattari: Was ist Philosophie, Frankfurt/M. 1996, S.130.

fassbaren Weise.[89] Es gibt immer ein "Mehr" des Poeten namens Gott. Jesus ist das Sakrament dieses Unzeitlichen des Christusereignisses gerade, indem die Geschichte uns allen erweist, dass das Reich Gottes nicht aufhört auch heute zu werden - unter uns, in unserer Nachfolge, und doch nochmals uns selbst übersteigt. Das ist eine mögliche positive Formulierung des Satzes von Sobrino: "Wenn es tatsächlich in der Geschichte keinen gelebten Glauben an Christus gäbe, weil er unmöglich wäre, dann würde Christus aufhören, Christus zu sein." Das "Unzeitliche" des Christusereignisses gibt uns den Begriff für den Spannungsbogen (und den Sinn), der sich von der Schöpfung an über das Volk Israel, das Leben und Sterben Jesu, die Auferstehungserfahrung der Jünger bis zu uns Glaubenden heute, ja bis zum Eschaton erstreckt.

5.5. Der historische Jesus als differentieller Impuls des Christusereignisses

Das Zurückgehen auf den historischen Jesus, das Sich-zurück-fragen ist dem christlichen Glauben wesentlich. Wenn wir das heute tun, dann wiederholen wir den GlaubensProzess der ersten Jünger Jesu. Sie lernten Jesus selbst kennen, hörten, was er sagte, miterlebten, was er tat und welchen Lebensweg er ging, und erfuhren die Auferstehungsbotschaft. Diese Erfahrungen trieb sie zu der Frage: Wer ist dieser Jesus für uns? Die Antwort: Es ist der Christus. Sobrino sagt treffend: "Es wäre aber Illusion zu glauben, dass wir heute dieses Ergebnis des Prozesses direkt erfassen könnten, ohne den Weg, der zu dem Ergebnis führt, (existentiell, aber sicherlich auch durch Nachdenken) selbst zu gehen. Und dieser Weg beginnt bei Jesus aus Nazareth. Der logische Weg der Christologie ist also der chronologische. Jesus kann als der Weg zu Christus verstanden werden."[90]

Damit in unserem Leben und unserem Miteinander das Reich Gottes sich ereignen kann, ist der Impuls des Jesus von Nazareth notwendig. Aber dieser Impuls ist bei weitem nicht eine abgeschlossene Idee oder eine klare Handlungsanweisung. Auch nicht ergibt sich aus dem Leben Jesu ein Lebensschema, das kopierbar wäre. Auch wenn die Nachfolge auf der Oberfläche betrachtet als Modell der Nachahmung und des Ähnlichwerdens erscheint, so ist es eigentlich ein anderer, komplexerer Vorgang. Denn im Modell der Nachahmung wird der "Ursprung" zum differentiellen Impuls, der es ermöglicht, Neues hervorzubringen. (Und so ist

---

[89] Ähnliches im Gedankengang sagt Deleuze über Revolution: "ein Revolutionär-Werden, das nach Kant selbst weder mit der Vergangenheit noch mit der Gegenwart, noch mit der Zukunft der Revolution zusammenfällt. Ein Demokratisch-Werden, das nicht mit den faktischen Rechtsstaaten zusammenfällt". [ebd., S.131.] (Die Kirche ist ja auch nicht identisch mit dem Reich Gottes.)

[90] Sobrino: Christologie der Befreiung Bd.1, Mainz 1998, S.63.

oft das Neue die wahre Treue zum Ursprung.) Jesus ist als Ursprung der Christen selbst differentiell: Er besteht selbst aus Differenzen, siehe die zwei ersten Dezentrierungen. Und er wirkt differenzierend: Er schafft einerseits eine Vielfalt von Christen als auch ist er der Maßstab, durch den man wahres von falschem Christentum differenzieren kann. Und zuletzt ist der Impuls immer nur im jeweiligen Kontext aktualisierbar. Im Rückgriff auf den historischen Jesus nehme ich immer meine Fragen und Horizonte mit. (Vor jeder Ex-egese steht eine Eis-egese.)

6. Die schöpferische Entwicklung des Christusereignisses

Wie soll man aber die Zusammenhänge denken zwischen Jesus Christus und den Gläubigen, sowohl vor ihm als auch nach ihm? Wie kann man diese Dynamik des Christusereignisses beschreiben? Bergsons Untersuchungen zur Evolution des Lebens sollen hier wegweisend sein.

6.1. Bergsons Modell von schöpferischer Entwicklung

Bergsons Werk "Schöpferische Entwicklung" unterscheidet zwei Erklärungsmodelle für die Entwicklung des Lebens und der Vielfalt der Arten: den Finalismus und den Materialismus. Beide Alternativen lehnt er ab. Und trotz ihrer Gegensätzlichkeit zeigt er auf, dass sie beide gewisse gleiche Voraussetzungen machen, die für ihn Grund sind, dass beide Modelle ungenügend sind.

Der Mechanismus setzt das Ganze aus den Teilen und deren Wirkungen, Zusammenstellungen und Bewegungen zusammen.[91] Die mechanistische Erklärung schnürt damit unser Denken künstlich vom Ganzen ab, es gibt dem Ganzen keine eigene Dimension.[92] Weiterhin gibt es beim Mechanismus letztlich kein Werden von Neues: "In der Tat liegt es denn auch im Wesen aller mechanistischen Erklärungen, Zukunft und Vergangenheit als Funktion der Gegenwart für berechenbar zu halten und füglich zu behaupten, es sei alles gegeben. Nach dieser Behauptung wären Vergangenheit, Gegenwart und Zukunft für einen übermenschlichen, solcher Berechnung mächtigen Geist in einem Blick offenbar."[93]

---

[91] Vgl. Bergson: Schöpferische Entwicklung, Ausgabe: Nobelpreis 1927 für Literatur, S.64.
[92] Vgl.ebd., S.81.
[93] ebd., S.81.

Beim Finalismus wird ebenso die Zeit überflüssig. Weil alles seinen Zweck hat und alles in einem transzendenten Plan geordnet ist, ist wiederum kein Platz für Unvermutetes, für Erfindung und Schöpfung im All. Der Mechanismus erklärte das Gegenwärtige aus den Zusammenhängen der Vergangenheit. Der Finalismus dagegen "setzt den Impuls der Vergangenheit durch die Anziehungskraft der Zukunft."[94] Es gibt beim Finalismus im Gegensatz zum Mechanismus, den man nur annehmen oder ablehnen kann, eine große Bandbreite und Variationen. Der Leibnizsche Finalismus erstreckt sich auf den Kosmos. Man kann aber auch das Finalismusmodell beschrenken auf die Lebewesen; dann gibt es kein äußeres Gesamtziel sondern nur jeweilige innere Zweckmäßigkeit. Aber das ist nicht die Veränderung am Finalismus, die Bergson für weiterführend hält.

Jenseits des Mechanismus und des klassischen Finalismus entwickelt Bergson seine Lehre vom Elan vital, vom Lebensschwung. Sie steht dem entschiedenen Finalismus in gewisser Weise näher als dem Mechanismus. Denn von ihm übernimmt Bergson die Vorstellung, dass das organische Leben ein harmonisches Ganzes ist.

Aber die Vorstellung des Finalismus, dass es einen (transzendenten) Plan gäbe, der sich im Lauf der Zeit immer mehr verwirklichen würde, lehnt Bergson ab: "Ein Plan ist im voraus gegeben. Er wird vorgestellt [...]. Seine vollständige Ausführung mag in ferne Zukunft verschoben, ja ins Unendliche hinausgerückt werden: seinem Begriff nach bleibt er darum nicht weniger schon jetzt und in gegebenen Ausdrücken formulierbar. Ist hingegen Entwicklung ewig erneute Schöpfung [sein Modell des Elan vital], dann erschafft sie nicht nur die Lebensformen, sondern auch die Begriffe, die deren Verständnis für eine Intelligenz ermöglichen [...]. Was sagen will, dass ihre Zukunft über ihre Gegenwart hinausschwillt und sich nicht als ein Begriff in ihr malen kann."[95]

Die Lebensschwungkraft ist für Bergson eine unendliche Bewegung, die sich bei ihrer Aktualisierung in den einzelnen Pflanzen- und Tierarten verzweigt. Nicht wie beim Finalismus kommt der Impuls von der Zukunft her, sondern die Lebensschwungkraft treibt von der Vergangenheit vorwärts. Aber nicht wie der Materialismus geht Bergsons Modell von den Teilen aus, die sich zusammensetzen, sondern von einer Bewegung, dem elan vital, der sich in seiner Aktualisierung verzweigt, teilt, gehemmt wird, da stocken bleibt und dort weiter schreitet. "Verwirklicht das Leben einen Plan, es müsste je im Maß seines Vorrückens eine

[94] ebd., S.82.
[95] ebd., S.139.

immer höhere Harmonie offenbaren. [...] Ruht dagegen die Einheit des Lebens ausschließlich in der Schwungkraft, die es in der Bahn der Zeit vorwärts treibt, dann liegt die Harmonie nicht im Künftigen, sondern im Vergangenen [...]: am Ausgangspunkt, als Impuls ist sie gegeben, nicht als Lockung ans Ende gesetzt. Mehr und mehr, indem sie sich mitteilt, spaltet sich die Schwungkraft mehr und mehr, je weiter es fortschreitet, zerfasert sich das Leben in Manifestationen, die sich zwar dank der Gemeinsamkeit ihres Ursprungs in gewisser Hinsicht ergänzen, die aber darum nicht weniger antagonistisch, nicht weniger unversöhnlich bleiben."[96] Als Warnung gegen den Finalismus sagt Bergson: "Der Philosoph, der mit der prinzipiellen Setzung, beginnt, dass jedes Einzelne einem Gesamtplan zugehöre, stürzt vom Moment an, wo er die Prüfung der Tatsachen in Angriff nimmt, von Enttäuschung in Enttäuschung; [...] Gerade umgekehrt muss man damit beginnen, dem Zufall seinen Teil, der recht groß ist, zu lassen. Anerkannt muss werden, dass nicht alles in der Natur zusammenstimmt; [...] Denn ein Plan ist das einem Werk vorgezeichnete Endziel: er schließt die Zukunft ab, deren Form er umreißt. Vor der Entwicklung des Lebens dagegen bleiben die Tore der Zukunft breit offen."[97]

6.2. Gott "Poet der Welt" und das Christusereignis

Diese Überlegungen von Bergson können uns helfen, gewisse Denkrahmen in der Theo-logie wie der Christo-logie begrifflich fassen zu können.

Es gibt ein Finalismus-Modell bei Theologien und Christologien: Gott plant von Urzeiten her die Inkarnation, ja er ist von Urzeiten her trinitarisch. Dies ist ein fester Plan, der dann in der Geschichte verwirklicht wird. Gottes Vorsehung wird streng finalistisch gedeutet. Ebenso wie der finalistisch denkende Entwicklungsphilosoph wird die Konfrontation mit den Tatsachen dem Denker, der die Geschichte streng finalistisch deutet, Enttäuschung bereiten. Als Beispiel sei das Erdbeben von Lissabon angeführt, das die Plausibilität von Leibnizens Theodizee stärker zu schwanken brachte als jegliches Gegenargument.

Es gibt aber auch ein Mechanismus-Denken bei Christologien: Man geht als Forscher von der Exegese aus. Diese untersucht die Einzelheiten, die einzelnen Schriften, Perikopen, Aussagen. Aus diesem soll ein Netz von Beziehungen erstellt werden, dass neuere Aussagen aus den älteren erklärt. Blondel benennt dieses Denken als Historizismus: "Der Historizismus neigt

---

[96] ebd., S.139.
[97] ebd., S.140.

also dazu, den gesamten Inhalt der Geschichte in der Evolution zu suchen, welche die Folge der Geschehnisse unter dem Druck aller gestaltenden Kräfte der Welt ablaufen lässt, während er die Form der Geschichte in der mechanischen Erklärung dieses Kaleidoskops finden will."[98] Bergson weist in "Denken und schöpferisches Werden" darauf hin, dass eine solche Geschichtsauffassung nicht das schöpferische Werden eines Ereignisses erfassen kann, weil es im Rückblick die Verbindungslinien zieht. Z. B. können wir im Rückblick in unserer modernen Geschichte Kausalitätslinien aufstellen, die eine fortschreitende Entwicklung zur Demokratie aufzeigen. Genügend soziologische, politische und kulturelle Bedingungen lassen sich sammeln, um die Ursachen für die Demokratien zu finden. Aber wendet Bergson ein: "Nun trat aber diese Entwicklungsrichtung damals nicht deutlicher hervor, als irgend eine andere, oder vielmehr, die existierte noch gar nicht, da sie erst durch die Entwicklung selber geschaffen wurde, ich möchte sagen durch das Fortschreiten der Männer, die nacheinander den Begriff der Demokratie erfasst und verwirklicht haben. Die vorausdeutenden Hinweise sind also in unseren Augen nur deswegen Anzeichen, weil wir heute die Entwicklungsbahn kennen, weil diese Entwicklung inzwischen vollzogen worden ist."[99] "Es bedarf eines glücklichen Zufalls, wenn wir in unserer jetzigen Gegenwart gerade das bemerken, was für den zukünftigen Historiker von besonderem Interesse ist. Wenn dieser Historiker unsere Gegenwart betrachten will, dann sucht er darin besonders die Erklärung seiner Gegenwart und vor allem die Erklärung dessen, was diese Gegenwart an Neuem enthält. Von diesem Neuen können wir heute noch keine Vorstellung haben, wenn es eine wirkliche Neuschöpfung ist."[100] Was Bergson im Blick auf die Evolution des Lebens Elan vital bezeichnet, hat bei Whitehead mit seiner kosmologischen Sichtweise sein Gegenstück in der Bezeichnung Gott als "Poet der Welt": Er "leitet sie mit zärtlicher Geduld durch seine Vision von der Wahrheit, Schönheit und Güte."[101] Man könnte die Theo-logie von Whitehead noch ausführlicher besprechen. An dieser Stelle soll gleich versucht werden, diese Gottesvorstellung und das Modell des Lebensschwunges auf die Christologie zu beziehen.

---

[98] Blondel: Geschichte und Dogma, S.31.
[99] Bergson: Denken und schöpferisches Werden, Hamburg 1993, S.35f.
[100] ebd., S.35. Insofern ist das Differenzkriterium für das wissenschaftliche Arbeiten der Exegese notwendig, um den historischen Jesus Konturen geben zu können, aber aus unseren philosophisch-fundamentaltheologischen Perspektive rein negativ: Es kann das schöpferische Werden des Ereignisses des Lebens Jesus nicht positiv erfassen.
[101] PR 618

Es gibt nach der Prozesstheologie ein ständiges Wechselspiel zwischen Gott und Welt, das im Gottesbegriff durch die Differenz von Urnatur und Folgenatur Gottes ausgedrückt wird. "In diesem Sinne ist Gott der große Begleiter - der Leidensgefährte, der versteht."[102] Er wirkt schöpferisch greifbar im Lebensschwung, der sich auch in der Geschichte der Menschen offenbart. Auch hier wird die Schwungkraft aufgehalten und sie verzweigt sich immer wieder neu. Die Geschichte Gottes mit seinem Volk Israel zeigt eindrücklich einen "Lernprozess" des Volkes mit seinem Gott, der zum Stocken kommen kann, der sich verzweigen kann, z. B. in die einzelnen Stimmen der Propheten. Dieser "Strom", der durch das Wirken Gottes in der Welt entsteht, ein immer neues und sich auch steigerndes Bewusstsein von der Größe, die den Menschen zuteil wird, wenn sie sich auf diese Kraft des Lebens, die Gott selber ist , einlassen, kulminiert in einem Lernprozess, in das Leben eines Menschen: Jesus von Nazareth - und diese Kulmination ist verbunden mit seinen Mitmenschen, die er begegnet. Aber da passiert die Kreuzigung. Dieser Jesus, der das Reich Gottes in seinem Leben verkörperte, wie kein anderer, erlebt die Finsternis Gottes: "Mein Gott, mein Gott, warum hast du mich verlassen?" Gott muss selbst nach diesem Ereignis den Jüngern offenbaren in der Ostererfahrung: Jesus ist wirklich der Christus - auch und gerade in der Gottesferne des Kreuzes.[103]

6.2.1 Von der Auferstehung zum Anfang

Oben habe ich betont, dass die Aussage "Jesus wird der Christus" zuerst auf ein prozesshaftes Werden zielt, das in den drei Dezentrierungen seinen Ausdruck findet. Und doch aktualisiert sich dieses Werden in der Zeit, in der Geschichte - das zeigte der vorige Abschnitt. Aus diesen Überlegungen heraus wird verständlich, dass man auch keinen genauen Zeitpunkt angeben kann, wann Jesus Christus wurde. Die Frage nach einem genauen Zeitpunkt ist eine unpassende, weil sie den Blick sowohl auf die Frage des zureichenden Grundes als auch auf das " Werden" verstellt.

Indirekt bestätigt das die Hl. Schrift. Vergleichen wir dazu vier Stellen, geordnet in chronologischer Reihenfolge, die eindeutig auf eine theologische Gedankenentwicklung hinweist.

1. Röm 1,4: "der dem Geist der Heiligkeit nach eingesetzt ist als Sohn Gottes in Macht seit der Auferstehung der Toten" (Jesus "wird" der Christus mit der Auferstehung.)

---

[102] Whitehead: Prozess und Realität. Entwurf einer Kosmologie, Frankfurt/M. 1987, S.626.

[103] Anstelle eines finalistischen Modells habe ich hier versucht, die Heilsgeschichte als einen „Immanenzplan" (zentraler Begriff von Deleuze in „Was ist Philosophie?") zu deuten.

2. Mk 1,9-11: "Und eine Stimme aus dem Himmel sprach: Du bist mein geliebter Sohn (Jesus "wird" der Christus bei seiner Taufe.)

3. Lk 2,11: Heute ist euch in der Stadt Davids der Retter geboren; er ist der Messias, der Herr. (Jesus "wird" der Christus bei der Geburt.)

4. Joh 1,1: Im Anfang war das Wort (Jesus "wird" der Christus am Anfang aller Zeiten.)

Es ist nur allzu verständlich, in der theologischen Reflexion den gesuchten imaginären Zeitpunkt, wann Jesus Christus "wird", immer weiter in die Vergangenheit zu legen. Bei Joh 1,1 letztlich endend liegt es dann nahe, die Geschichte streng finalistisch zu deuten. Aber die Zusammenstellung der Zitate zeigt, dass dies erstens nicht das einzig mögliche Modell ist und zweitens der Ausgangspunkt der Denkbewegung die Reflexion über das Leben Jesu aus dem Blick der Ostererfahrung ist. Ausgangspunkt der Bewegung der Lebensschwungkraft ist dagegen die Schöpfung, der Anfang der Zeiten (4.Punkt: Joh 1,1). Für uns Christen erreicht dieser Elan vital, die sich offenbarende Macht Gottes mit Jesus Christus den Höhepunkt (1. - 3. Punkt).

6.2.2 Von der Auferstehung zum Ende

Die dritte Dezentrierung ermuntert uns, die Aktualisierung des Werdens in der Zeit auch nach der Auferstehung zu betrachten. Dies kann uns zur folgenden These führen: Jesus wird "vollkommen" Christus erst am Ende der Geschichte in der Vollendung. Auch wenn - und das ist für den Gläubigen unbestritten - Jesus in unüberbietbarer Weise Gott transparent machte, so ergibt sich aus der Dynamik des Christusereignisses immer eine gewisse Offenheit (rein positive Aussage) und aus der Sündhaftigkeit und Schwachheit von uns Menschen ein Leiden Christi bzw. Gottes daran, dass die Offenbarung Gottes in Jesu Reden und Handeln immer wieder verdunkelt wird und nur durch die Gnade des Geistes in der Hingabe von Menschen wieder verdeutlicht werden kann.[104]

7 Schluß: Was nützt der Begriff Christusereignis?

Die Frage ist berechtigt: Was nützt der Begriff Christusereignis? Denn - so kann man einwenden - leistet der Begriff "Reich Gottes" nicht genau das, was in diesem Artikel mit dem Begriff Christusereignis ausgedrückt wird?

---

[104] Aus einer anderen Sicht heraus können wir Christen den Juden in gewisser Weise zustimmen: Der Messias kommt noch.

Der Begriff "Reich Gottes" und der Begriff Christusereignis hängen eng miteinander zusammen. Der Begriff "Reich Gottes" ist dazu noch durch das Handeln und Reden Jesu inhaltsreicher. Aber die Stärken eines Begriffes zeigen sich im Netz der Zusammenhänge, in die man ihn stellt. Dieser Artikel hat einige Zusammenhänge aufzeigen wollen, in die man den Begriff Christusereignis gut verwenden kann. Seine Stärken liegen also in seiner Vernetztheit: Einerseits an den historischen Jesus gebunden, andererseits diesen auch überschreitend. Einerseits hat er einen theologischen Pol, andererseits einen philosophischen Pol, der uns die theologische Problematik im Kontext einer dynamischen Immanenzphilosophie denken lässt. Diese Punkte zusammengenommen ermöglicht es ihn, zureichender Grund für die Dezentrierungen von modernen Christologien zu sein.

III. Plädoyer für eine kleine Christologie

Ein erster Zugang

Die pluralistischen Religionstheologen bekamen ihren Impuls durch eine besondere Erfahrung: die Erfahrung einer anderen Religion oder anderer Religionen. Alle großen pluralistischen Religionstheologen haben einen intensiven Kontakt mit einer anderen Religion gehabt. Wer den heimatlichen Boden verlässt und in ein fremdes Terrain eintritt, kann ins Staunen geraten: sei auch vieles fremd in der anderen Religion, so stellt sich doch das Gefühl der Hochachtung ein - denn man erspürt Weisheit, Kraft, Schönheit und Wahrheit in dieser fremden Religion. Und doch wird immer ein unbeschreibbarer Rest bleiben, der fremd bleibt. Kehrt man mit dieser Erfahrung zurück in die Heimat, so steht die "allgemeine" Einschätzung des eigenen Glaubens und der eigenen Religion als *die* richtige in schmerzhafter Spannung zu dem aus der Fremde mitgenommenen Gefühl der Hochachtung. Diese Spannung ist wohl der entscheidende Impuls für die pluralistischen Religionstheologen. Aus diesem Impuls ergibt sich ihre Kritik an der "großen" Theologie und Christologie.

Mein erster Zugang zu einem Plädoyer für eine kleine Christologie ist folgender: die pluralistischen Religionstheologen beginnen ihre Kritik an der "großen" Theologie und Christologie in einem Außerhalb, angestoßen durch die Erfahrung einer fremden Religion. So wertvoll das Gefühl der Hochachtung gegenüber einer anderen Religion in jedem Fall ist, so muss es doch auch einen Weg zu einer kleinen Christologie geben, der nicht diesen Umweg über das "Außerhalb" nimmt. Dieser Artikel versucht ein Plädoyer für eine kleine Christologie auszusprechen, die aus dem Inneren des Christentums selbst entsteht.

Aber was ist überhaupt hat mit "groß" und "klein" gemeint? Ich will mich hier besonders auf zwei Texte von Deleuze beziehen: "Philosophie und Minderheit" und "Kafka. Für eine kleine Literatur".

Groß und klein - das Denken der Mehrheit und der Minderheit

"Philosophie und Minderheit" ist ein ganz kurzer Text, so dass wir es uns erlauben können, einen Großteil im Original hier anzuführen.

"Minderheiten und Mehrheiten sind nicht nur quantitativ einander entgegengesetzt. Mehrheit impliziert eine ideale Konstante, ein Standardmaß, an dem sie sich misst und bewertet. Nehmen wir an, die Konstante oder das Maß sei Mensch-weiß-westlich-männlich-erwachsen-vernünftig-heterosexuell-Stadtbewohner-Sprecher einer Standardsprache [...]. Offensichtlich hat der "Mensch" die Mehrheit, auch wenn er weniger zahlreich ist als die Moskitos, Kinder, Frauen, Schwarzen, Bauern, Homosexuellen usw... So erscheint er doppelt, einmal in der Konstante und einmal in der Variablen, aus der man die Konstante extrahiert.
Man kann aus der Konstante sogar eine direkte Rede abstrahieren: wie die Philosophie, immer wenn sie glaubte, im Namen eines Wesens des Menschen, einer reinen Vernunft, eines universellen Subjekts oder Rechtssubjekt zu sprechen. Die Mehrheit setzt ein Rechts- und Herrschaftsverhältnis voraus und nicht umgekehrt. Sie setzt das Standardmaß voraus und nicht umgekehrt. Eine andere Determination als die der Konstante wird als von Natur aus minderheitlich angesehen, das heißt als Subsystem oder außerhalb des Systems liegend (je nach dem), wie auch immer das Zahlenverhältnis sein mag."[105]

Das Standardmaß der Mehrheit bildet die Ebene des Allgemeinen. Es ist der "jedermann", der zur Mehrheit gehört; und gleichzeitig ist irgendwie niemand richtig jedermann. (Niemand und jedermann sind insofern zwei Seiten einer Medaille.) Sprachliche Formen dieses Standardmaßes sind z.B.: "jedermann weiß, dass..." oder "das tut man nicht!"[106] In „Differenz und Wiederholung" stellt Deleuze dem Jedermann und der Ebene des Allgemeinen den Einzelnen gegenüber, der sich nicht in das Standardmaß der Mehrheit einfügen will. In seinem kleinen Artikel verwendet er dafür den Begriff Minderheit.

"Deshalb müssen wir das Mehrheitliche als homogenes und konstantes System, die Minderheiten als Subsysteme und das Minderheitliche als potenzielles, geschaffenes und schöpferisches Werden unterscheiden. Das Problem kann nie darin bestehen, die Mehrheit zu erlangen, selbst wenn man dabei eine neue Konstante einführen sollte. Es gibt kein mehrheitliches Werden, Mehrheit ist niemals ein Werden. Das Werden ist immer minderheitlich."[107] Um die Brisanz dieser Aussagen aufzuzeigen, möchte ich einen bekannten Slogan im kirchlichen Milieu anführen: "Den Rand zur Mitte machen!" Mit diesem Satz verbinden Christen den Wunsch, dass sowohl kirchlich wie auch gesellschaftlich Ausgeschlossene Annahme, Liebe und Zuwendung, Aufnahme und Achtung bekommen. An dieser Sehnsucht

---

[105] Philosophie und Minderheit , aus: G. Deleuze: Kleine Schriften, Berlin 1980, S. 27.
[106] vgl. auch Deleuze: Differenz und Wiederholung, München 1992, 3. Kapitel und Einleitung.
[107] ebd., S. 28.

soll man festhalten; die Formulierung dagegen ist Unsinn: Wenn ich den Rand zur Mitte mache, dann integriere ich entweder eine Minderheit in die Mehrheit oder ich mache eine Minderheit zur Mehrheit. Bei beiden Vorgängen verliert der "Rand" seine wesentlichste Gabe: sein Werden.

Deleuze fügt einige Beispiele für Minderheiten an: "Die Frauen sind, wieviel sie auch immer sein mögen, eine Minderheit, die man als Zustand oder Untermenge definieren kann; aber sie sind nur insoweit schöpferisch, als sie ein Werden ermöglichen, über das sie nicht wie über ein Eigentum verfügen, ein Werden, in das sie selbst eintreten müssen, ein Frau-werden, das den ganzen Menschen affiziert, Nicht-Frauen einbegriffen. Das gleiche gilt für die Schwarzen: wenn die Schwarzen selbst schwarz werden müssen, so affiziert dieses Werden auch die Nicht-Schwarzen. [...] Dasselbe gilt für die so genannten Minderheitssprachen: sie sind nicht einfach Subsprachen, Idiolekte oder Dialekte, sondern potenzielle Mittel, die Mehrheitssprache in ein Minderheitlich-werden all ihrer Dimensionen und Elemente zu überführen (vgl. das Black English). Man unterscheidet also Minderheitssprache, die Mehrheitssprache und das Minder-werden der Mehrheitssprache."[108] Aber auch der, der zu einer Mehrheit "gehört", kann fähig werden zu einem Werden, kann in sich selber eine Minderheit entdecken, "sein potenzielles Werden, insofern er vom Modell abweicht. Ein Quäntchen Schönheit, ein Auswuchs oder eine Lücke können genügen".[109]

"Kurz gesagt ist eine universelle Figur des minoritären Bewusstseins als Werden eines jeden denkbar, und dieses Werden ist Schöpfung. Wenn man die Figur eines universellen minoritären Bewusstseins entwirft, wendet man sich an Kräfte des Werdens, die aus einem anderen Bereich stammen als die des Rechts und der Herrschaft."[110]

Kleine Literatur

Deleuze gibt im dritten Kapitel seines Buches über Kafka einige Kriterien für kleine Literatur an. Kleine Literatur wird von einer Minderheit geschrieben. Kafkas literarisches Werk ist dafür ein gutes Beispiel: als Prager Jude gehörte Kafka unter mehreren Aspekten zu einer Minderheit. Er gehörte nicht zu den Tschechen, aber ebenso nicht zu der deutschen Bevölkerung in Prag, die selbst eine Minderheit in der Tschechei war. Kafka selbst schreibt in

---

[108] ebd. S. 28 -29.
[109] ebd. S. 28.
[110] ebd. S. 29.

einem Brief, dass die Prager Juden zwischen "der Unmöglichkeit, nicht zu schreiben, der Unmöglichkeit, Deutsch zu schreiben, und der Unmöglichkeit, anders zu schreiben"[111], lebten. Daraus ergibt sich das erste Kriterium: eine Minderheit bedient sich einer großen Sprache.

Das zweite Kriterium: in kleinen Literaturen ist alles politisch. In den großen Literaturen bleibt das gesellschaftliche Milieu bloß im Hintergrund; Geschehnisse in Familie, Ehe usw. sind in sich wesentlich. In der kleinen Literatur verknüpft sich jede individuelle Angelegenheit unmittelbar mit der Politik. Man kann dies gut feststellen, wenn man einmal Anna Karenina von Tolstoi mit Doktor Schiwago von Pasternak vergleicht. Beide Romane behandeln in gewisser Weise einen Ehebruch. Anna Karenina verlässt ihren Mann für einen anderen und Doktor Schiwago verlässt seine Frau für eine andere. Bei Tolstoi sind politische Fragen vollkommen nebensächlich, der Ehebruch ist in sich tragisch. Bei Pasternak hat die Liebe von Doktor Schiwago zu seiner Geliebten eine politische Dimension: zwei einzelne Menschen leisten Widerstand, insbesondere im Denken und Fühlen, gegenüber dem nun allgemein gültigen Kommunismus in Russland. Sie leben in ihrer Liebe ein Werden.

"Schließlich gewinnt in kleiner Literatur - und dies ist ihr drittes Merkmal - alles kollektiven Wert. Gerade wegen ihres Mangels an großen Talenten fehlen ihr die Bedingungen für individuelle Aussagen, die ihr stets Aussagen des einen oder anderen "Meisters" wären und sich von der kollektiven Aussage trennen ließen. [...] Die Literatur ist eine Angelegenheit des Volkes. [...] Es gibt kein Subjekt, es gibt nur kollektive Aussageverkettung - und die Literatur bringt diese Verkettungen zum Ausdruck".[112]

"Das also sind die drei charakteristischen Merkmale einer kleinen Literatur: Deterritorialisierung der Sprachen, Koppelung des Individuellen ans unmittelbar Politische, kollektiven Aussageverkettung. So gefasst, qualifiziert das Adjektiv "klein" nicht mehr bloß bestimmte Sonderliteraturen, sondern die revolutionären Bedingungen jeder Literatur".[113]

Aber wie wird ein Werden in einer Literatur zum Ausdruck gebracht, wie geschieht Deterritorialisierung im Schreiben? "Dafür gibt es zwei Wege: Entweder wir bereichern dieses papierene Deutsch artifiziell, blähen es auf, indem wir sämtliche Ressourcen eines Symbolismus, einer Hellseherei, einer esoterischen Sinngebung, eines verborgenen Signifikanten ausbeuten [...]. Allerdings impliziert dieser Versuch ein verzweifeltes Bemühen

[111] zitiert nach G. Deleuze; F. Guattari: Kafka. Für eine kleine Literatur, Frankfurt 1976, S. 24.
[112] ebd. S. 25 - 26.
[113] ebd. S. 27.

um symbolische Territorialisierung anhand von Archetypen, von Kabbala und Alchemie, wodurch die Trennung vom Volk nur noch verschärft wird und der politische Ausweg nur im Zionismus als den Traum von Zion erscheint. Kafka entschied sich schnell für den anderen Weg - oder besser, er erfand einen anderen: das Pragerdeutsch nehmen, wie es ist, mit all seiner Armut; die Deterritorialisierung weiter vorantreiben; in aller Nüchternheit, den ausgetrockneten Wortschatz in der Intensität vibrieren lassen; dem symbolischen oder bedeutungsschwangeren oder bloß signifikanten Gebrauch der Sprache einen intensiven Sprachgebrauch entgegenstellen; zu einem perfekten und nicht geformten, intensiv-materialen Ausdruck gelangen."[114]

Können wir kleine Literatur auch in der christlichen Tradition finden? Exegeten sind in der Bibel fündig geworden: insbesondere die Logienquelle und das Markusevangelium erfüllen die Kriterien für eine kleine Literatur. Es ist gerade das Markusevangelium, das durch sein schlichtes Griechisch sich verrät: eine Minderheit schreibt in einer großen Sprache. Und es ist wiederum das Markusevangelium (und die Logienquelle), das als einziges der Evangelien Jesus nicht im Kontext seiner Familie vorstellt. Benutzen wir einmal bewusst die Begriffe von Deleuze: in den späteren Evangelien wird Jesus wieder in einen familiären Kontext reterritorialisiert; Geburt und Kindheitsgeschichten werden erzählt, das Politische wird dadurch tendenziell abgeschwächt (auch wenn die Geburtsgeschichten wie z.B. bei Lukas politische Stoßrichtungen aufweisen). Das Markusevangelium und die Logienquelle sind eine Angelegenheit eines "Volkes", einer Gruppe, einer Bewegung.

Auch inhaltlich spielen "die Kleinen" im Markusevangelium eine wesentliche Rolle. Es zeigt sich also eine Entsprechung zwischen Form beziehungsweise Ausdruck (kleine Literatur) und Inhalt (die Kleinen gegenüber den Großen). Einige interessante Aspekte aus dem Artikel "Im Schatten der Großen. Kleine Erzählfiguren im Markusevangelium" von Ebner seien nun vorgestellt.

Die Kleinen im Markusevangelium

Das Markusevangelium ist ein "selbstkritisches" Zeugnis. Denn gerade die klassischen Repräsentanten des Christentums, die Jünger Jesu bzw. die Apostel, enttäuschen. Dagegen erweisen sich gerade Nichtjünger wie z.B. die Syrophynizierin, der Gerasener oder der

[114] ebd. S. 28.

römische Hauptmann am Kreuz als diejenigen, die zu echten Begegnungen mit Jesus fähig sind.

Aber das ist ja nicht von Anfang an so! Am Anfang des Evangeliums werden die "großen" Jünger aufgebaut: sie werden berufen und zu Menschenfischern gemacht. Im 6. Kapitel vertraut Jesus ihnen auch die Verkündung und die Austreibung der Dämonen an. Mit Erfolgsmeldungen kehren sie zurück. Sie erscheinen also nicht nur als Helfer Jesu sondern werden regelrecht als in gewisser Weise eigene Helden in der Erzählung aufgebaut. Bis zum 7. Kapitel hat der Leser den Eindruck, dass sich Jesus auf seine Helfer und Jünger verlassen kann. "Mit jeder Erfolgsmeldung und mit jedem weiteren Kompliment wird der Erwartungsdruck an die Zwölf beim Leser höher geschraubt."[115] Nehmen wir Deleuzes philosophische Begriffe als Interpretationsmittel in die Hand, so können wir fragen, ob die Jünger nicht als eine "Mehrheit", als das Standardmaß im Kontext des Christentums repräsentiert werden. Wenn sich die Jünger auf dieser "Ebene" befinden, sind sie nach Deleuze nicht mehr zu einem schöpferischen Werden fähig. Sie müssten diese Ebene überschreiten, um dazu wieder fähig zu werden.

Schon im 4. Kapitel kann der Leser ein Warnzeichen entdecken. Im 11. Vers spricht Jesus den Jüngern das Kompliment aus: euch ist das Geheimnis des Reiches Gottes anvertraut; denen aber, die draußen sind, wird alles in Gleichnissen gesagt. Es ist "mehr als enttäuschend, dass gerade diese Elitetruppe die Gleichnisse nicht versteht, sondern um deren Entschlüsselung bitten muss."[116] Und im Vers 34 bekommen die Jünger Nachhilfeunterricht, weil sie ein bisschen schwer von Begriff sind und nicht alles gleich verstehen.

Unverständnisaussagen und Verstockungsaussagen der Jünger häufen sich nun. Im 8. Kapitel fragt Jesus: Habt ihr denn keine Augen, um zu sehen, und keine Ohren, um zu hören? Erinnert ihr euch nicht. (Markus 8,18) Auf einmal sind die 12 genauso verstockt, wie es Jesus in seiner Parabeltheorie den Leuten da draußen vorwirft. Es ist der Vorwurf mit dem Prophetenwort von Jesaja. Der Leser muss sich fragen: "Sind die erwählten Zwölf selbst in die heilsgeschichtliche Sackgasse geraten?"[117]

Kurzzeitig geschieht eine geringfügige Erleichterung: Petrus bekennt, dass Jesus der Messias sei. Aber gleich danach merkt der Leser, dass Petrus überhaupt nicht verstanden hat, welchen

---

[115] M. Ebner: Im Schatten der Großen. Kleine Erzählfiguren im Markusevangelium, in: Biblische Zeitschrift 44 (2000), S. 61.

[116] ebd. S. 62 (vgl. Vers 13).

[117] ebd. S. 63.

Weg der Messias gehen muss. Und noch weniger scheint er selbst fähig zu sein, den Weg der Kreuzesnachfolge gehen zu können. Vgl. Markus 8,29 - 34. Interessanterweise sagt Jesus seine Jüngerregel (Vers 34) nicht nur den Jüngern sondern der ganzen Menge. Man sieht: "Jünger Jesu sein ist keine Frage der Erwählung, sondern der Lebenspraxis."[118] Das Versagen der Jünger steigert sich am Schluss: Gerade in dem Augenblick, als sich das Komplott gegen Jesus zuspitzt, als Jesus dem Beistand seiner Freunde hätte brauchen können, fliehen die Jünger. Neben dem Kreuz stehen nur einige Frauen. Erzähltechnisch werden die Frauen als Lückenbüßer für die feigen Zwölf eingeführt. Vgl. Markus 15, 40 f. Die Frauen bekommen im Gegensatz zu den Zwölf am leeren Grab die Gelegenheit, die Sache Jesu weiterzuführen: Ihnen wird die frohe Botschaft der Auferstehung verkündet. Aber ihnen fährt Furcht und Schrecken in die Glieder. So gerät der Schluss des Evangeliums zu einem negativen Paukenschlag. Vgl. Markus 16,5-8. "Jede Leserin, jeder Leser oder Hörer, der die Jesusgeschichte aufmerksam verfolgt, die Taten Jesu bestaunt und von seinem Geschick betroffen ist, wird über dieses Ende empört sein. [...] Die lebenswichtige Botschaft muss doch weiter erzählt werden!"[119] Der Erzähler hatte es auf diese Empörung seiner Adressaten wohl abgesehen. Die Hörer sollen selbst die Botschaft weiter verkünden. Aber haben diese innerhalb des Evangeliums positive Leitbilder? Die Jünger und die Frauen können keine durch und durch positive Leitbilder abgeben.

Aber Markus hatte in sein Evangelium "kleine Helden" eingebaut, die Nachfolge Jesu in nuce so verstehen, wie Jesus es sich gewünscht hat. Sie sind gute Vorbilder für die Leser.

Josef von Arimathäa kann man als Beispiel nennen. Dem blinden Bartimäus sind wirklich die inneren Augen des Verstandes ganz aufgegangen: er folgt Jesus auf dem Weg nach Jerusalem. Wenn auch unter Zwang erfüllt Simon von Cyrene wortwörtlich die Jüngerregel vom Kreuztragen.[120]

Viele dieser kleinen Helden tauchen ohne Beauftragung und ohne Rolleninstallation unerwartet und punktuell auf. Gerade diese Feststellung von Ebner lässt sich mit Deleuzes Charakterisierung der Minderheit verbinden. Ein schöpferisches Werden entsteht immer unerwartet und punktuell, auch wenn es weitreichende Bedeutung hat. Seine Kraft und seinen Grund hat es nicht in einer Beauftragung oder in einer ihm zugeteilten Rolle. In der Dynamik einer Begegnung mit Jesus erweisen die Kleinen, wie zum Beispiel die Syrophynizierin, der

[118] ebd. S. 63.
[119] ebd. S. 65.
[120] Vgl. ebd. S. 66.

Gerasener oder der römische Hauptmann, ihr Vermögen, göttliche Wahrheit und göttliches schöpferisches Werden transparent zu machen. Was der Leser von den Großen (den Jüngern) erwartet, das wird von den Kleinen erzählt![121]

Die Syrophynizierin erweist sich als fähig, einen Rätselspruch von Jesus sofort zu verstehen und spontan und schlagfertig auf derselben Ebene zu antworten. Jesus ist erstaunt über diese Frau und lernt selbst dazu.

Im Gegensatz zu den Frauen, die am Kreuz verweilen, steht der römische Hauptmann Jesus direkt gegenüber, auf Augenhöhe sozusagen. Der tiefere Sinn dahinter: es ist der römische Hauptmann, der dem gekreuzigten Jesus am nächsten steht, weil er tiefer sieht und die Wahrheit in diesem Ereignis wirklich erkennt. Der Hauptmann durchbricht damit seine vertraute Vorstellung! Normalerweise erkennt man in der griechischen Kultur einen Gottessohn durch eine Himmelfahrt oder weil farbloser und sterblicher Lebenssaft in den Adern der Person fließt. Er war im Gegensatz zu Petrus fähig, seinen gewohnten Vorstellungen eines Gottessohnes zu verlassen und im richtigen Augenblick eine neue Erkenntnis zu ergreifen. Petrus dagegen wollte sich keinen Messias vorstellen, der leiden musste.[122]

Der Geheilte Gerasener (Markus 5,11 -20) möchte bei Jesus bleiben. Nach 3,14 ist das die Aufgabe der 12 als Adjuvanten. Zu diesen Auserwählten darf der Geheilte also nicht gehören!? Er bekommt von Jesus eine Aufgabe: er soll in seiner Familie den Herrn verkünden. Aber wie erfüllt er diesen minimalen Auftrag? Über alle Maßen: er verkündet in der ganzen Dekapolis! Aus der Hausmission ist Großraumverkündigung geworden. Und diese Verkündigung ist sehr von einer persönlichen Beziehung zu Jesus getragen.

Und wie wird Petrus auf die Frage die Magd Vorhof reagieren? "Ich weiß nicht und verstehe nicht, wovon du redest." Man muss sich bewusst machen, dass es auch für den Gerasener gefährlich war, öffentlich für Jesus einzutreten und ihn zu verkünden. Denn wegen der Schweinevernichtungsaktion wurde Jesus als Unruhestifter aus dem Land ausgewiesen.

Die Kleinen sind im Markusevangelium für den Leser die Identifikationsfiguren, die zeigen, wie Jesus sich seine Helfer und Helden, wie er sich Nachfolge vorstellt. Je mehr die großen

---

[121] Die Kontraste stellt Markus auch in seinen Formulierungen heran, indem er Stichworte und Leitsätze wieder aufgreift. Die Jünger im Seesturm haben keinen Glauben; dagegen hat die blutflüssige Frau Glauben. Die Ohren der Jünger sind in der Bootsszene verstopft (8,14 -21); dem Tauben aus Dekapolis springen die Ohren auf (7,31 -37). Die Jünger versuchen ihre nackte Haut zu retten; die Witwe im Tempel gibt dagegen ihren ganzen Lebensunterhalt (12,44)

[122] vgl. ebd. S. 69f. Markus 15,39.

Enttäuschungen, desto mehr treten sie aus deren Schatten heraus. In der Erzählstruktur sind sie Ersatzfiguren: punktuell, ohne Berufung und Beauftragung. "Es sind die Kleinen, die bei Jesus bleiben (wollen), die ihn verstehen, die seinem Kreuzweg mitgehen, das heißt dem Gebot der Stunde Folgen und Risiken nicht scheuen."[123]

Deswegen trennt der Erzähler gründlich zwischen den 12 und denjenigen, die aus der Menge heraustreten und auf ihre Weise Jesus nachfolgen und damit der Nachfolgeregel entsprechen. Nachfolger Jesu sein kann jeder. Für alle gilt das Kriterium der Nachfolgeregel. "Keineswegs sollen die Kleinen die Großen immer verdrängen. Dass Jesus seine Geschichte mit ihnen weiterführen will, ist die Botschaft des Jünglings im Grab. [...] Dass mit den Kleinen eine eigene, durch Jesus initiierte Geschichte begonnen hat, wird suggeriert."[124]

"Mit anderen Worten: Die Gemeinde hinter den Markusevangelium legt keinen Wert auf menschlich vermittelte Sukzession. Sie setzt auf Jesu Unmittelbarkeit, de facto auf ein Leben nach den Jüngerregeln, narrativ vorexerziert im Weg Jesu, wie ihn ihr Evangelium erzählt. Diese Jesustradition reicht. Es braucht keine personellen Zwischeninstanzen, selbst wenn sie sich von allerhöchster Stelle legitimiert wissen."[125]

Das Vermögen der Kleinen

Soweit die Zusammenfassung des Artikels von Ebner. Wie kann dies nun uns in unserer Frage nach einer kleinen Christologie weiter bringen? Wir können die Analyse von Ebner spinozistisch deuten und damit einen neuen Aspekt des Werdens im Sinne von Deleuze entdecken. Man kann es auf die einfache Formel bringen: Jedes Werden offenbart das eigene Vermögen. Vermögen ist ein zentraler Begriff der Philosophie von Spinoza. Deleuze hat ihn an verschiedenen Stellen seines Werkes begeistert aufgegriffen, wie zum Beispiel im 10. Kapitel von Tausend Plateaus "Intensiv-werden, Tier-werden, Unwahrnehmbar-werden...- die Zweite Erinnerung eines Spinozisten."

Das Vermögen eines Körpers bestimmt Spinoza nach den Affekten und nicht aus einer hypostasierten Wesenheit. Dazu zwei Beispiele, die Deleuze auch in „Spinoza. Praktische Philosophie" und in „Dialoge" anführt:

[123] ebd. S.72.
[124] ebd. S.73.
[125] ebd. S.75.

"Zwischen einem Rennpferd und einem Arbeitspferd gibt es mehr Unterschiede als zwischen einem Arbeitspferd und einem Ochsen. Wenn von Uexküll die Tierwelten definiert, sucht er nach den aktiven und passiven Affekte, zu denen das Tier fähig ist, und zwar in einem individuierten Gefüge, dessen Teil es ist."[126] Stellen wir drei Punkte fest: Diese Betrachtung nach den Vermögen ordnet erstens die Dinge anders an als die Betrachtung nach Gattungen und Arten. Obwohl das Arbeitspferd nicht zur Art der Ochsen gehört, sind sie hinsichtlich des Vermögens (z.B. das Vermögen, eine Pflug zu ziehen) ähnlicher als das Rennpferd und das Arbeitspferd, obgleich sie zur selben Art gehören. Zweitens kann ein Vermögen durch aktive und passive Affekte erfüllt werden. Spinoza möchte in der Ethik uns einen Weg zeigen, die passiven und besonders die traurigen Affekte zu verringern und die aktiven und damit immer freudigen Affekte zu vermehren. Drittens entfaltet sich ein Vermögen immer in einem Kontext. Man kann nicht nach Deleuze von einem abstrakten Vermögen, losgelöst von dem Gefüge, in dem es existiert, lebt und wird, reden.

Das zweite Beispiel: Die Zecke hat drei Affekte, die ihre Macht bestimmen: "Vom Lichte erregt, steigt sie auf die Spitze eines Zweiges. Vom Geruch eines Säugetieres angezogen, lässt sie sich auf diesem nieder. Da Haare oder Fell sie stören, sucht die sich eine haar- oder fell-lose Stelle, um sich dort in die Haut einzugraben und das warme Blut zu saugen. Blind und taub [...] Und doch welche Mächtigkeit!"[127] Die Affekte: "der erste, lichtbedingt (auf einen Zweig klettern); der zweite durch den Geruch [...]; der dritte durch Wärme".[128]

Durch die Erforschung der Affekte kann Spinoza Körper und Lebewesen qualifizieren, ohne die Begriffe Gattung, Art, Form und Funktion benutzen zu müssen. Spinoza beseitigt damit Gattungsschranken zwischen Mensch und Tier, Natur und Künstlichem, die aufgrund von Wesensunterschieden errichtet sind. Vielmehr sind die Unterschiede graduell und werden allein vom Vermögen bestimmt, das bei einem Rennpferd eben anders ist als bei einem Arbeitspferd. Ebenso ergibt sich aus der Affektenlehre die spinozistische Weisheit, dass wir nie im Voraus um die Affekte wissen, derer wir fähig sind, und dass es zum Leben gehört, dies experimentell an sich selbst zu erforschen.[129]

Alle drei kleinen Helden, die Syrophynizierin, der Gerasener oder der römische Hauptmann, entwickeln ihr Vermögen "experimentell" in einer intensiven Begegnung mit Jesus. Ihnen

---

[126] Deleuze, G.; Guattari,F.: Tausend Plateaus, Berlin 1997, S. 350.
[127] Deleuze, G.; Parnet, C.: Dialoge, Frankfurt 1980, S.67.
[128] Deleuze: Spinoza. Praktische Philosophie, Berlin 1988, S.162. Vgl. Tausend Plateaus, S.350.
[129] Vgl. Spinoza. Praktische Philosophie, Berlin 1988, S.162.

wird dieses jeweilige Vermögen nicht von außen zugesprochen, sondern es ist ihnen eigen. Genau dies ist bei den Jüngern, wie sie Markus schildert, anders. Jesus spricht den 12 zu, dass sie seine Jünger sind, aber im Verlauf des Evangeliums zeigt sich, dass sie nicht fähig, nicht vermögend zur Nachfolge sind. Bei den Jüngern tut sich ein Riss auf zwischen Zuspruch und Können. Ein Riss, der grundsätzliche Dimensionen hat: jede Institution hat das Problem von Personen, die ein Amt inne haben, dem sie aber mit ihrem Vermögen nicht entsprechen. Die Syrophynizierin, der Gerasener oder der römische Hauptmann machen dagegen punktuell, ohne Berufung und Beauftragung ihr Vermögen offenbar. Das jeweilige Vermögen entwickelt sich in dem Gefüge, in dem die Person lebt. Der Gerasener predigt in seiner Umgebung. Die Syrophynizierin wird schlagfertig, klug und redegewandt, weil sie ihre Tochter vom Dämon befreit wissen will. Das Gefüge ist aber nicht starr festgelegt und soll auf keinesfalls mit kulturellem Umfeld gleichgesetzt werden. Der Hauptmann ist fähig, die kulturellen Vorstellungen, aus denen er kommt, zu überschreiten.

Die kleinen Helden, die Minoritäten sind zu Begegnungen fähig, die die eigenen Potenziale bzw. Vermögen sichtbar machen. In solchen Ereignissen geschieht Werden.

Aber was ist mit Jesus selbst? Ebner hat die Jünger, die Frauen und die kleinen Helden im Markusevangelium analysiert; aber nicht Jesus. Dafür müssen wir uns ein anderes Beispiel anschauen: Sanders "Christologie" in der Reihe GlaubensWorte: "nicht verleugnen. Die befremdende Ohnmacht Jesu"

Die befremdliche Logik von Ohnmacht und Macht in der Botschaft von Jesus Christus

Die Differenz von Macht und Ohnmacht bildet für Sander eine grammatische Konstante im Evangelium. Aber in den Evangelien wird Ohnmacht und Macht auf eine Weise zueinander ins Verhältnis gesetzt, die der Logik der heutigen Pluralität und dem üblichen Denken befremdlich ist.[130] Sander sieht von der Semiotik Peirces her die Christologie als ein Netz von Zeichen, die sowohl Realität präsentieren als auch neue Realität gestalten können. "Die Rede vom Christus hat eine eigene Welt von Zeichen erzeugt; sie erschöpft sich nicht darin, für alle leicht verständlich zu sein, sondern markiert die Fähigkeit des Glaubens, wider alle Selbstverständlichkeiten Berge zu versetzen. [...] Die Hermeneutischen Fragen nach dem, was

[130] Vgl. Sander: nicht verleugnen. Die befremdende Ohnmacht Jesu, Würzburg 2001, S. 12.

mit Jesus historisch vorgefallen und mit Christus kontextuell eingefallen ist, treten dabei entsprechend zurück. Die Antworten darauf sind notwendig und hilfreich, aber nicht entscheidend. Entscheidend ist vielmehr, was über Jesus und an Christus Signifikantes für das heutige Leben mit seiner zerrissenen Pluralität zu sagen ist. Deshalb stehen hier Glaubenspositionen im Vordergrund, mit denen Zeichen in der eigenen Zeit gesetzt werden können, und nicht die Kontexte, die den überlieferten Text gezeichnet haben. Es geht um die befremdlichen Zeichen, die Christus präsent machen. [...] Christus ist eben ein befremdliches Zeichen für alle, die sich seiner sicher glauben oder sich seiner Bedeutung verweigern. [...] Wer das eigene Leben auf diese Figur setzt, muss ja auch nach herkömmlichen Maßstäben von allen guten Geistern verlassen sein. Schließlich warnt sie selbst vor dem Kreuz, das man dann auf sich herabruft."[131]

In sieben Etappen zeigt Sander, dass die frohe Botschaft von Jesus Christus Macht und Ohnmacht anders zuordnet, als wir es in der Logik der Welt gewohnt sind. Diese Befremdlichkeit ist eine Kontinuität, die sich von den Geburtsgeschichten über die Reich Gottes Botschaft, Tod und Auferstehung bis zur Erwartung seiner Wiederkunft und seinem Gericht und der Rede von der Einheit der zwei Naturen Jesu Christi erstreckt. Nur in der Ohnmacht geschieht Erlösung; nur in der Ohnmacht zeigt sich die Macht Gottes, über die aber keiner verfügen kann. Wer sich zu sicher wähnt, wer meint, jenseits der Erfahrung von Ohnmacht im Namen Gottes auftreten zu können, der verrät entweder die Botschaft Jesu oder muss den Weg der Umkehr gehen. Diese Logik zieht sich durch die ganze Christologie von Sander. Genau diese Logik ermöglicht es ihm, eine kleine Christologie zu schreiben. Denn dass gerade in der Ohnmacht sich die wahre Macht Gottes zeigt, das widerspricht dem Denken der Mehrheit, der Allgemeinheit. "Jedermann weiß doch, dass" die Worte vom Magnifikat gefährlicher Unsinn sind: "er stürzt die Mächtigen vom Thron und erhöht die Niedrigen." Die Botschaft Jesu widersetzt sich diesem Denken; sie ist die Rede eines Einzelnen und einer Minderheit, die auf das Standardmaß der Mehrheit befremdlich wirkt. Wird bei Sander auch das schöpferische Werden der Minderheit deutlich? Schauen wir uns einige Ausführungen von ihm genauer an.

[131] ebd. S. 13-14.

1. Geburtsgeschichten

"Sobald Jesus mit dem Leben beginnt, verkehrt sich die Ordnung der Welt."[132] Sander fragt nicht nach dem historischen Kern der Geburtsgeschichte sondern nach dem "Repräsentationsgehalt über die Zeit hinweg."[133] Jesus hat zwei Herkunftsorte, um zur Welt zu kommen: Nazareth und Bethlehem, das Zeichen für die Sehnsucht von Menschen ist: in der Dunkelheit und in der Gewalt der Welt taucht ein Licht und Friede auf. Aber nicht ein Friede, wie ihn der Kaiser Augustus mit seiner Militärmaschinerie hergestellt hat. Den wahren Frieden soll nach Lukas ein hilfloses Kind in der Krippe bringen. "Die Machtgestalt des Augustus gehört zur Geburt des Erlösers in Bethlehem; mit dieser Geburt wird demonstriert, wie fremd diese Art von Herrschaft für Gott ist und wie fremd die irdischen Machterfahrungen für die Erlösung bleiben."[134] Die Gottesgeburt ereignet sich jenseits: die Minderheit, Maria und Joseph, wird von der Mehrheit, der Bevölkerung von Bethlehem, abgelehnt und ausgewiesen. Nur die Hirten, die Nomaden, "die eine prekäre Existenz führen", sind fähig, das Ereignis zu erkennen.

Und trotzdem hat diese Gottesgeburt zentrale Bedeutung für den Kosmos. Ein neuer Stern eine kosmische Gewalt, ist das Zeichen des Neugeborenen. Die Sterndeuter des Matthäus erschrecken Herodes mit der neuen Botschaft. Er befürchtet einen Konkurrenten. "Das ist die irdische Grammatik der Macht; sie muss sich stets vor Ohnmacht fürchten und das Aufkommen einer anderen Macht verhindern. [...] Machiavelli gibt seinem Fürsten eine "regola generale": "wer eines anderen Macht erhöht, ruiniert sich selbst"."[135] Die Sterndeuter dagegen folgen dem Ratschlag und der Aufforderung aus ihrem Traum, Herodes nicht mehr aufzusuchen. Sie folgen einem, der mächtiger ist als Herodes. Dieser wird aber in dem Passivsatz ("weil es ihnen im Traum geboten wurde" Matthäus 2,12) nicht genannt. "Herodes und Gott werden mit diesem passivum divinum in ein Verhältnis der Macht gebracht, das der normalen Grammatik folgt. Weil Gott tätig wird, kommt Herodes über die Magier nicht an das Kind heran. Des einen Macht ist des anderen Ohnmacht. Das charakterisiert die Möglichkeiten des Gottesnamens. Wer Macht hat, muss Gott fürchten, besonders wenn der andere in einer Ohnmachtssituation hält. Aber damit ist nicht gesagt, dass Gottes Macht um ihrer selbst willen Ohnmacht erzeugen muss. Sie tut es im Fall des irdischen Herrschers, aber

[132] ebd. S. 17.
[133] ebd. S. 17.
[134] ebd. S. 19.
[135] ebd. S. 22.

sie tut es nicht im Fall ohnmächtiger Menschen. Hier wird die übliche Grammatik der Herrschaft außer Kraft gesetzt. Gottes Macht bedeutet nicht die Ohnmacht der Ohnmächtigen, sondern die Macht der Ohnmächtigen."[136] Gleich darauf betont Sander, wie grundlegend und wichtig diese Machtperspektive für die Rede von Gott ist. Wer Gottes Handeln anders versteht, redet nicht von dem Gott, den die Botschaft von Weihnachten verkündet: "Wird Gott mit einer anderen Machtperspektive ins Spiel gebracht, dann dreht sich die Rede von ihm und wird selbst zur Gewalt. Das ist dann der Fall, wenn man den üblichen Zusammenhang von Macht und Ohnmacht auch im Fall der Ohnmächtigen zugrunde legt. Wenn Gottes Macht durch die Ohnmacht der Ohnmächtigen konstituiert würde, dann ist Gott unweigerlich die Stütze der Mächtigen. Das war über Jahrhunderte hinweg auch eine vorherrschende Rede von Gott, nämlich in der politischen Theologie des Monotheismus. Vor allem der neuzeitliche Absolutismus wusste sie sehr findig zu nutzen. Die oberste Macht im Himmel spiegelt sich in der obersten Macht auf Erden wieder; die Ohnmacht der Untertanen ist sowohl Ausweis der absoluten Macht des Herrschers wie der Verehrung Gottes. [...] aber das Kind in der Krippe passt nicht in diese Grammatik hinein; es befremdet."[137]

2. Die Botschaft vom Reich Gottes

"Aber die jüngere Theologie hat etwas Merkwürdiges entdeckt: Der Weg zu Jesus als Inhalt des Glaubens führt in einen Glauben, dem er selbst anhing. Bei Jesus verhält es sich also nicht anders als bei den Christen. Er war selbst ein gläubiger Mensch und hat sein Leben auf eine Botschaft gesetzt, mit der er sich identifizierte."[138] Die Botschaft vom Reich Gottes ist Fluchtpunkt, roter Faden und Leitlinie für das ganze Leben Jesu. Für diese Botschaft ist er auch in den Tod gegangen. Wer an Jesus Christus glauben will, muss letztlich mit ihm an das Reich Gottes glauben.

"In der vollständigen Identifikation seiner Person mit einer bestimmten Sache ist dieser Jesus keine Seltenheit in der Geschichte. Das hatte es vor ihm gegeben - Alexander und seine Weltherrschaft -, zu seiner eigenen Zeit - Ovid und seine Dichtung -, nach ihm - Gandhi und sein gewaltloser Widerstand. [...] Was bei Jesus merkwürdig ist und seine Hingabe an das Reich Gottes dann doch zu einer befremdlichen Angelegenheit macht, ist die Tatsache, dass sie ihm nichts als Ohnmachtserfahrungen eingebracht hat. Er wurde nicht der Große, dichtete

136 ebd. S. 24.
137 ebd. S. 24 f.
138 ebd. S. 37.

nicht unsterbliche Verse, erlebte nicht den Erfolg für das eigene Volk. Er landete am Kreuz." [ebd. Seite 38.] Aber Jesus gab sich keiner Illusion hin: er beschrieb das Reich Gottes selbst als eine Ohnmachtserfahrung. Dieses Reich beginnt ganz klein, es kann übergangen werden, gegen es kann Gewalt eingesetzt werden und es wird erst am Ende der Zeiten vollendet. "Das Wachsen dieses Reiches ist keine Fortschrittsgeschichte Gottes. Es folgt nicht dem Motto "was klein beginnt, wird schließlich groß". Das Senfkorn kann, aber muss eben nicht ein großer Busch werden. [...] Es gibt begründete Hoffnung auf Wachsen, aber nicht die Sicherheit eines befriedigenden "na, also" am Ende. [...] Wer das Gottes Reich erfahren will, darf die Ohnmacht, aus der es entspringt, nicht scheuen und nicht verachten."[139] Die Reich Gottes Botschaft kann dualistisch falsch gedeutet werden. Hier auf Erden erleben wir Leid und Entbehrungen und im Jenseits werden wir das Reich Gottes in seiner ganzen Fülle erleben. Nach Sander wenden sich sowohl die Evangelisten als auch Jesus selbst gegen diese falsche Deutung.

In dem nun folgenden Exkurs über die befremdliche Bedeutung des Opfers für die Religion können wir zwei Aspekte ausmachen, von denen wir Verbindungslinien zu Deleuzes Begriffe von Minoritäten und Werden ziehen können. Für Sander sind Opfer wesentliche Bestandteile des Religiösen schlechthin. Weil das Heilige sowohl anzieht als auch abstößt, kann ihm nur mit einem Opfer begegnet werden. "Man möchte vor dem Erfahrenen weglaufen und kann sich doch nicht losreißen. Um diese Differenz aufzulösen, sind die, die es erfahren, zu Opfern bereit."[140] Sander folgt außerdem dem Philosophen Bataille, wenn er schreibt: "Die Opfererfahrung erzeugt einen Augenblick, in dem die Selbstverständlichkeiten des Lebens überschritten und sonst verworfene Gebiete betreten werden."[141] Wir können vielleicht mit der Sprache von Deleuze sagen: in einem solchem Opfer wird die Majorität, die Allgemeinheit verlassen. Gleich darauf spricht Sander die zentrale Unterscheidung der Geister hinsichtlich der Opfer an: "Geben sie mehr an gefüllter Lebenszeit zurück, als an Lebensressourcen genommen wird? Nur wenn mehr zurückkommt, als gegeben wurde, handelt es sich um ein erlösendes Opfer, und die entsprechende Tat baut das Leben auf. Die Erfahrung lehrt leider, dass oft nur eine weniger gefüllte Zeit zurückkommt. Aber es kann auch umgekehrt sein. Dann entsteht aus der Ohnmacht im Opfer eine Gegengabe, die sie in eine augenblickliche Macht wandelt. Hier legt das Opfer ein Widerstandspotenzial gegen die

---

[139] ebd. S. 39.
[140] ebd. S. 46.
[141] ebd. S. 48.

Zerstörung von Leben frei. Jede Religion steht in der Gefahr, mit ihren Opfern Leben zu zerbrechen; aber jede Religion kann auch eine kraftvolle Strategie werden, durch Opfer von der Gewalt zu befreien."[142] Es ist im Opfer ein schöpferisches Werden möglich. Und genau wenn schöpferisches Werden geschieht, dann ist auch das Opfer gerechtfertigt.

Wir sehen: auch wenn Sander die Begriffe Minoritäten, kleine Christologie oder Werden nicht benutzt, ergeben sich fruchtbare Resonanzen zwischen seinen Gedankengänge und den philosophischen Begriffen von Deleuze. Dem Werden bei Deleuze stelle ich insbesondere den Begriff "effervescence de la vie" (Aufwallen/ Sprudeln von Leben, Tanz des Lebens) von Bataille gegenüber. Beide Begriffe zielen meines Erachtens auf dieselbe Erfahrung.

Sander benutzt den Begriff "effervescence de la vie", um das Potenzial zu beschreiben, das im Glauben an das Reich Gottes steckt. Die Gleichnisse erzählen von diesem Potenzial. Aber Jesus begeht nach Sander nie den Fehler, die Ebene der Minorität zu verlassen: "Aus der Ohnmacht wird dann jeweils Macht. Ist das nun doch eine Strategie für religiöse Herrschaft, die nur eben subtiler ansetzt? Das wäre dann der Fall, wenn das Kleine, das groß geworden ist, nur dazu diente, das Große zu preisen. Dann wären die Reich-Gottes-Geschichten doch die große Erzählung, nur eben im Kleinformat, das sich besser in die Tasche stecken lässt. Aber dazu taugen diese Geschichten nicht. Sie heben nicht auf eine Größe ab, welche die Kleinheit überwindet.[143] Sie preisen vielmehr die Kleinheit, die sich nicht klein machen lässt und deshalb groß zu werden verspricht. Dieser Umschwang drängt die Ohnmacht nicht beiseite. Sie ist vielmehr das Beet, in dem jene Rede von der Macht des Gottesreiches gedeihen kann. Dieser Umschwang lässt sich nicht erzwingen. Es gibt keine Garantie, dass die Münze gefunden wird, dass das Senfkorn nicht zermahlen ist, dass der Bräutigam doch noch erscheint, dass die Festfreude auch unter ursprünglich ungebetenen Gästen aufkommt. Was es gibt, ist die Hoffnung, dass es sich so entwickelt. Es ist die Hoffnung auf den, dem dieses Reich gehört. Es ist die Hoffnung auf Gott."[144] Sander bringt es auf die kurze Formel: "Das Reich Gottes ist schon mit ganzer Macht da, aber es ist in befremdlicher Ohnmacht präsent."[145]

---

[142] ebd. S. 48.
[143] Hier verwendet Sander die Differenz zwischen klein und groß. Er arbeitet mit der philosophischen Bedeutung dieser Differenz ohne sie explizit aufzuzeigen.
[144] ebd. S. 55.
[145] ebd. S. 56.

3. Tod und Auferstehung Jesu

Das ganze Leben Jesu, seine ganze Person ist von einem "Grundgesetz" beherrscht: in der Ohnmacht zeigt sich die Macht Gottes! Aber man kann über die Macht Gottes nicht verfügen, sie wird einem zu dem Augenblick geschenkt, den Gott selbst bestimmt. Dieses "Gesetz" ist befremdlich, weil es den üblichen Mechanismen von Macht und Ohnmacht in dieser Welt widerspricht.

In den Verhören vor Pilatus blockieren sich die religiöse Macht des hohen Rates, der die Hinrichtung Jesu will, und die politische Macht des Pilatus, der keinen Grund findet, Jesus hinzurichten. In dieser Pattsituation hätte Jesus die Chance, die dritte Kraft zwischen religiöse und staatliche Autorität zu werden. Er könnte zum Beispiel den Verdacht des Pilatus bestätigen, "dass ihn die jüdischen Autoritäten zum bloßen Vollstrecker ihres Willens machen wollen, dann fielen die Würfel gegen den Hohen Rat."[146] Jesus ist sich seiner königlichen Macht bewusst - doch setzt er sie nicht ein, um sich zu retten. Das ist befremdlich.

"Jesus wählt aus freien Stücken die Ohnmacht, aber er tut es nicht, um einen letzten Triumph von Macht zu erleben. [...] Er nimmt sich nicht ein Leben, das ihm gehört, sondern zeigt am eigenen Leib die heillose Gewalt unter Menschen; sein Leben wird den Lebenden gegeben, damit sie wider ihre eigene Gewalt leben lernen. Jesus übergibt sein Leben denen zum Besitz, die von dieser Gewalt geknechtet werden. Das ist nicht die Machtdemonstration eines freiwilligen Opfers, dessen Tod den Weg aus der Gewalt weist. Es ist vielmehr die Demonstration eines Lebens, das allen gehört und deshalb nicht mit dem eigenen Tod an ein Ende kommt. Ein Leben, das nicht mit dem eigenen Tod an sein Ende kommt, lebt wider jede Gewalt auf, die menschliches Leben zur Strecke bringt. Jesu Überantwortung an den Tod ist nicht die Verzweiflungstat eines Selbstmörders, dem nur noch die Gewalt übrig bleibt. Sie ist auch nicht die Widerstandstat eines Helden, der die Gewalt mit dem eigenen Leben stoppt. Sie ist vielmehr die totale Verweigerung der Gewalt. Hier offenbart sich, worin das Ende der Gewalt liegt. Es liegt in jenem Leben, das nicht dem gehört, der oder die es lebt, sondern allen gehört."[147]

Jesus ist am Kreuz der Einzelne, der jenseits aller weltlicher Macht und Gewalt steht. Aber gerade in dieser Einzelheit geschieht die Universalisierung jenseits des Allgemeinen. Oder mit Sanders Worten: das Leben Jesu gehört allen! Am Kreuz Jesu zeigt sich auf schärfste

---

[146] ebd. S. 74.
[147] ebd. S. 77 - 78.

Weise die philosophische Aussage von Deleuze, dass der Einzelne, der Singuläre allein Ausdruck des Universalen sein kann. Das Allgemeine ist nie universal. Aber dieser Ausdruck ist nur in der Ohnmachtserfahrung möglich.

Die Ohnmachtserfahrung Jesu am Kreuz geht ja so weit, dass er sich sogar von der behütenden Macht Gottes verlassen fühlt: Mein Gott, mein Gott, warum hast du mich verlassen? Die Auferstehung wird auf diese Frage eine Antwort geben.

Sander weist aber deutlich darauf hin, dass die Auferstehung nicht eine typische Happy-End Geschichte erzählt. Ich möchte hier nur auf zwei Aspekte hinweisen. Der Auferstandene zeigt sich als der Gekreuzigte. Er hat immer noch die Wundmale an Händen und Füßen. "Es gibt keine christliche Darstellung der Auferstehung jenseits des Kreuzes. Beide passen nicht zusammen, wenn man auf den Machtgehalt abhebt und die Ohnmacht übergeht."[148] Die Auferstehungserfahrung ist für die Jünger keine reine Glückserfahrung. Einzig Maria Magdalena freut sich wirklich über den Auferstandenen. Die Frauen verlassen nach Matthäus das Grab vor Furcht und großer Freude (28,8). Und als die Jünger Jesu sehen, fallen sie vor ihm nieder; aber einige hatten Zweifel. (Matthäus 28,17) Also auch die Auferstehungsgeschichten liest Sander aus der Perspektive einer kleinen Christologie. Und der biblischen Text gibt ihm Recht.

Aspekte einer kleinen Christologie

1. Eine kleine Christologie arbeitet mit Dezentrierungen

In meinem Artikel "Dezentrierungen in modernen Christologie und das Christusereignis als zureichenden Grund" habe ich drei zentrale Dezentrierungen in modernen Christologien vorgestellt. Jesus wird Christus, indem er dem Reich Gottes dient. Jesus wird Christus, indem er anderen Menschen begegnet. Jesus wird Christus, indem Menschen an ihn glauben. Ich brauche hier die Gedankengänge nicht genauer ausführen. Es sei nur darauf verwiesen, dass in allen drei Sätzen das Verb "Werden" Hauptprädikat ist. Im Dienst am Reich Gottes, in der Begegnung mit anderen Menschen geschieht Werden - jenseits dem Standardmaß der Mehrheit. Und dieses Werden kann sich fortsetzen im Glauben der Menschen an Jesus Christus.

---

[148] ebd. S. 90.

2. Eine kleine Christologie folgt einer Intuition

Was ich unter christologische Intuition verstehe, habe ich in einem Artikel ausgeführt. Innerhalb eines Plädoyers für eine kleine Christologie stellt sich die Frage, ob auch christologische Intuitionen in großen Christologien wirksam sind. Vom ganzen Gedankengang der Philosophie Bergsons und von unseren Ausführungen über kleine Christologie her komme ich zu der Einschätzung, dass die Intuitionen, die in großen Christologien wirksam sind, gerade das Lebendige, das Kleine in den großen Christologien ausmacht. Aber das Kleine, Lebendige, das schöpferische Werden ist in jenen großen Christologien zumindest verdeckt und teilweise aufgelöst, verdrängt, zerstört. Und trotzdem bekommt jede große Christologie ihre wahre Wirksamkeit allein durch ihre versteckte christologische Intuition, die eigentlich zu einer kleinen Christologie hinführen müsste.

3. Das Lernen in und durch eine kleine Christologie

Ich möchte hier meinen ersten Zugang wieder aufgreifen: Wenn pluralistische Religionstheologen eine Hochachtung für andere Religionen entwickeln und diese anderen Religionen mit ihrer eigenen christlichen Religion vergleichen, können sie zu der Ansicht kommen, dass andere Religionen Wahrheiten aufzuweisen haben, die die christliche Religion (ihre eigene) nicht besitzt - oder nicht in dieser Deutlichkeit besitzt. Die entscheidende Frage für mich ist, welches philosophisches Modell steht hinter dieser Ansicht. Es gibt das Modell "Schularbeit": es liegen verschiedene Schulaufgaben vor, die nun korrigiert werden können. Bei der einen Schulaufgabe fehlt dieser Aspekt, bei der anderen kommt jener Aspekt nicht deutlich genug zum Vorschein, bei einer dritten erscheint vielleicht ein anderer Aspekt verzerrt. Der entscheidende Punkt bei diesem Modell ist die Annahme, dass die Arbeitszeit schon vorbei ist, dass die Arbeit abgeschlossen ist. Eine klare Feststellung von einem Mangel ist nur möglich, wenn die Arbeit abgeschlossen ist. Das ist es aber gerade bei den Religionen nicht! Religionen sind immer in einem Werden. (Vielleicht ist diese Aussage auch in Lessings Ringparabel anvisiert.)

Damit ist einmal gemeint, dass Religionen immer in einen geschichtlichen Prozess stehen. Im 2000 Jahre Christentum sind viele wertvolle Aspekte zeitweise sehr bewusst gewesen und sind dann wieder in Vergessenheit geraten - dafür wurden andere wertvolle Aspekte in den Vordergrund gehoben. Aber auch dieses Argument geht letztlich davon aus, dass es eine vorgegebene Gesamtmenge von Wahrheiten gibt, aus der immer nur ein Teil von dem "Licht" unserer Aufmerksamkeit beleuchtet werden kann. Noch tiefer geht die Überlegung, wenn man davon ausgeht, dass Wahrheit ein Ereignis in der Zeit ist und man religiöse Wahrheit nicht wissen sondern nur in der Zeit lernen kann. Dann aber "entsteht" Wahrheit in einem Zusammentreffen, in Begegnungen; so wie es Deleuze in seinem Proustbuch deutlich beschrieben hat. Eine kleine Christologie ist genau die Perspektive, in der solch ein Lernen geschehen kann.

Die Begegnung von verschiedenen Religionen, die immer in einem Werden stehen, kann selbst zu einem Ereignis von Wahrheitsentstehung werden, weil beide Religionen in ihrer Unterschiedlichkeit interferieren.

4. Merkmale einer großen Christologie

Wir haben nun schon einige Bausteine für eine kleine Christologie zusammengesammelt. Und wie so oft in der Theologie und Philosophie ist es wertvoll, auch das Gegenteil zu umschreiben: die Merkmale einer großen Christologie. Eine normale Christologie ist nie ganz alleine große Christologie. Sie kann immer mehr oder weniger Aspekte einer kleinen Christologie enthalten. Klein und groß bezeichnen Tendenzen, die sich in einer konkreten Christologie immer mehr oder weniger vermischen. Des Weiteren muss betont werden, dass die Unterscheidung zwischen kleiner und großer Christologie nicht identisch ist mit der Unterscheidung zwischen Christologie von unten und von oben. Natürlich betont eine kleine Christologie die Gedankenbewegung von unten.

Eine große Christologie erhebt auf jeden Fall den Anspruch der Allgemeingültigkeit. Sie will eine allgemeine Norm festlegen. Gleichzeitig ist sie unfähig zu schöpferischen Werden. Dies zeigt sich häufig daran, dass es langweilig ist, solche Christologien zu lesen. Alles Wissen wird in einem Kompendiumstil vorgetragen. Dem Leser ergibt sich kein spannender Impuls. (Wie anders wirkt doch da zum Beispiel das Markusevangelium auf den Leser!)

Eine große Christologie will die Rechtgläubigkeit festlegen und begründen und mit diesem Wissen als Macht auftreten. Das Abweichende wird dadurch aufgezeigt.

Jede Christologie hat einen erkenntnistheoretischen, epistemischen Aspekt, einen ontologischen Aspekt und einen politischen. Hinsichtlich dieser drei Aspekte können wir kleine und große Christologie unterscheiden.

Episteme: Die große Christologie vermittelt Wissen, die kleine Christologie führt in einen Lernprozess. Die große Christologie will allgemeines Wissen jenseits der Zeit aufzeigen, die kleine Christologie beginnt das Denken in der Zeit, angeregt durch Begegnungen und

Ereignisse. "Eine Begegnung ist vielleicht dasselbe wie Werden oder Vermählung. Aus der Einsamkeit heraus ist jedwede Begegnung möglich. Man trifft auf Menschen (ohne sie wirklich zu kennen oder sie je vorher gesehen zu haben), aber auch auf Bewegungen, Ideen, Ergebnisse, Wesenheit."[149]

Ontologie: Die große Christologie möchte das Allgemeingültige aufzeigen, die kleine Christologie erreicht das Universelle von einem singulären Standpunkt aus.

Politik: Die große Christologie setzt eine allgemeine Norm fest, die damit das Abweichende ausssondert und verurteilt. Die kleine Christologie geht von den Minoritäten aus und ermöglicht schöpferisches Werden. Sie ist nicht weniger kritisch (Vermögen zur Unterscheidung) als die große Christologie. Aber ihr Kriterium ist ein völlig anderes! Ihre Frage ist: entsteht ein Werden, ein Tanz des Lebens?

5. *Eine* kleine Christologie

Ich schreibe nicht: Die kleine Christologie. Sondern: eine kleine Christologie. Denn es gibt nicht *die* kleine Christologie. Es gibt nur eine kleine Christologie, die durch einen (einen Gläubigen, einen Theologen, eine gläubige Gemeinschaft, ein gläubiges Volk) geworden ist. "Werden ist das Unmerklichste, Werden ist die Vielheit der Akte, die in einem Leben enthalten sind und nur in einem Stil zum Ausdruck gebracht werden können."[150] Und dieser Stil kommt bei einer kleinen Christologie zum Ausdruck in Wort und Tat. Es ist nicht nur ein Schreibstil sondern auch ein Lebensstil. Eine christologische Intuition, die in einem Stil zum Ausdruck kommt, ist etwas Individuelles, Einzigartiges. Aber gerade dieses Individuelle und Einzigartige besteht aus Mannigfaltigkeiten, Vielheiten und Verbindungslinien. Das Eine steht immer in Relationen zu anderen.

6. Viele kleine Christologien

Wenn es nicht die kleine Christologie gibt, dann gibt es viele kleine Christologien. Führt uns das in einen Relativismus der Wahrheit? Diese Frage wird von verschiedenen Seiten unweigerlich gestellt. Aber in dieser Frage wird ein bestimmter Wahrheitsbegriff vorausgesetzt, den wir in diesem Artikel indirekt schon kritisiert haben. Deswegen möchte ich an dieser Stelle eine sehr schöne Aussage von Deleuze anführen: "Der Perspektivismus bei Leibniz, auch bei Nietzsche, bei William und Henry James, bei Whitehead, ist zwar ein

[149] Deleuze, G.; Parnet, C.: Dialoge, Frankfurt 1980, S. 14.
[150] ebd. S. 11.

Relativismus, aber nicht der Relativismus, den man vermutet. Er ist keine Variation der Wahrheit je nach Subjekt, sondern die Bedingung, unter der dem Subjekt die Wahrheit einer Variation erscheint."[151]

Der Relativismus, den man vermutet, ist der der völligen Beliebigkeit, das "anything goes". Aber eine kleine Christologie hat einen internen Maßstab: ihr schöpferisches Werden. Der Relativismus eines Leibniz, James oder Whitehead verweist auf die Relation, die Bedingung ist, "unter der dem Subjekt die Wahrheit einer Variation erscheint." Wahrheit kann nach dieser Auffassung nur in Relationen erfasst werden, die durch eine Perspektive gebündelt werden. Nichts anderes haben wir im vorherigen Abschnitte ausgesagt.

7. Zu einer kleinen Christologie gesellt sich eine kleine Theo-logie und eine kleine Ekklesiologie.

Natürlich lässt sich die Differenz von klein und groß auch auf andere Bereiche der Theologie übertragen. Wer eine kleine Christologie schreibt, wird implizit auch eine kleine Gotteslehre und ein kleines Kirchenbild vertreten. Sander ist hier wieder ein gutes Beispiel. In seinem Band "nicht ausweichen. Die prekäre Lage der Kirche" stellt er der Religionsgemeinschaft die Pastoralgemeinschaft gegenüber. Beide Begriffe stehen für unterschiedliche Kirchenbilder. Sander versteht letztlich das zweite Vatikanische Konzil als ein Plädoyer für eine kleine Ekklesiologie und entwickelt diese Neuorientierung im Konzil durch den Begriff Pastoralgemeinschaft. Whiteheads Philosophie dagegen kann als ein Ansatz für eine kleine Gotteslehre genommen werden. Deleuze bringt dies in einem Satz zum Ausdruck: "Selbst Gott hört [bei Whitehead] auf, ein Sein zu sein, das die Welt vergleicht [wie bei Leibniz] und die reichste kompossible Welt auswählt; er wird Prozess, ein Prozess, der die Inkompossibilitäten bestätigt und sie zugleich durchläuft."[152]

Dieses Plädoyer bleibt in vielerlei Hinsicht unvollständig. Es fiel mir schwer, es zu schreiben. Ich hatte nicht mehr als einige Ahnungen. Und obwohl es mir schwer fiel, diese Ahnungen in Worte zu fassen, bin ich mir sehr sicher, dass diese Ahnungen nichts Nebensächliches sind. Kleine Christologien kann man in Wort und Tat in verschiedenen Bereichen des Christentums finden. Aber etwas wird häufig erst offenbar, wenn es benannt wird.

---

[151] Deleuze: Die Falte. Leibniz und der Barock, Frankfurt 1995, S. 37.
[152] Deleuze: Die Falte. Leibniz und der Barock, Frankfurt 1995, S. 135.

Gottes Gegenwart, lebensweltliche Gnade und die Sakramente

1. Die drei Ebenen, Gottes Gegenwart zu betrachten

Es ist eine Glaubenswahrheit, dass Gott in der Welt gegenwärtig ist. Aber diese Gegenwart Gottes kann auf unterschiedliche Weise betrachtet werden. Im ersten Teil sollen von der Theologie her drei Ebenen erarbeitet werden.

1.1. Gott ist da - die Gegenwart Gottes an sich

Gott ist in gewisser Weise einfach da - nicht mehr und nicht weniger. Genügend Beispiele und Belege lassen sich in der Bibel und Theologiegeschichte finden. Gott zeigte sich dem Moose im brennenden Dornbusch als Jahwe: als Gott, der da ist. Für Jesus hat das Reich Gottes zuerst einen einfachen präsentischen Charakter. "Denn das Reich Gottes ist mitten unter euch." Lk 17,21.[153] Paulus in seiner Rede vor dem Areopag sagt: "Denn in ihm leben wir, bewegen wir uns und sind wir" Apg 17,28. In der Spiritualität des Ignatius von Loyola ist die Übung, in allen Dingen die Gegenwart Gottes zu suchen, zentral. Die dahinter stehende Wahrheit drückt folgendes Zwiegespräch eindrucksvoll aus: "Ein Schüler fragt seinen Rabbi: Sag mir, wo Gott ist! Daraus antwortet der Rabbi: Sag mir, wo er nicht ist!"[154] Das Wichtige dieser Betrachtungsweise ist, dass keine Unterschiede in der Gegenwart Gottes gemacht werden. Gott ist erstens einfach da und zweitens überall "gleich" da. Seine Gegenwart durchdringt in immer gleicher Weise alles Bestehende.[155]

---

[153] Vgl dazu Frankemölle, H.: Der Jude Jesus und der christliche Glaube, in: Der Glaube der Christen. Ein ökumenisches Handbuch, München/Stuttgart 1999, Der Glaube der Christen. Ein ökumenisches Handbuch., S.611f.

[154] Lambert, W.: Aus Liebe zur Wirklichkeit. Grundworte ignatianischer Spiritualität, Mainz 2000, S. 23.

[155] Vgl. die Philosophie von Spinoza: nie postuliert er Abstandsunterschiede oder Hierarchien. Gott ist allen Modi „gleich" nah.

1.2. Das Reich Gottes wächst und ihm wird Gewalt angetan - Lebensweltliche Gnade

Diese zweite Betrachtungsweise wendet unseren Blick auf das Wirken der Gegenwart Gottes in der Geschichte. Z. B. ist Jahwe nicht nur der Gott, der da ist, sondern auch der Gott Israels, der das Volk aus Ägypten befreit. Der Begriff "Reich Gottes" enthält eine große Dynamik: Das Reich Gottes wächst an. Es ist besonders für Arme, Hungernde und Traurige da. Aber dem Reich Gottes wird auch Gewalt angetan (vgl. Mt 11,12).

Mit dieser zweite Betrachtungsweise erscheint uns die Gegenwart Gottes nicht mehr als überall gleich. Sonden Gott ist besonders für die Ausgestoßenen da. Er ergreift Partei. Es gibt Orte und Menschen, die Gott ablehnen und somit seine Gegenwart verdunkeln. Jesus wird von seinen Jüngern als ein Mensch erfahren, der in besonderer Weise Gottes Gegenwart verkörpert. Aber genau an diesem Jesus können wir zeigen, dass bei dieser Betrachtungsweise man nicht den Fehler machen darf, eine simple Skala der Gegenwart Gottes zu erstellen. Denn Jesus ruft am Kreuz: "Mein Gott, mein Gott, warum hast du mich verlassen?" So erscheint gerade in der Kreuzigung eine Paradoxie: In den Zeiten der Gottesferne ist uns Gott nahe. Das bezeugt die Auferstehungsbotschaft; in dieser bezeugt Gott: "Ich war bei diesem Jesus in seiner Todesstunde, obwohl er mich ferne glaubte."[156] Diese zweite Betrachtungsweise nimmt die Gnade Gottes und ihr Wirken in der Lebenswelt in den Blick.

1.3. Gegenwart in Wort und Sakrament

Bei der dritten Betrachtungsweise wird uns Gottes Gegenwart offenbar durch Zeichen. Wir Menschen brauchen sowohl ausgezeichnete Orte als auch besondere Zeiten, in denen wir uns bewusst machen, dass Gott für uns da ist. Rituelle Gegenstände und Handlungen erfüllen diese ausgezeichneten Orte und besonderen Zeiten. Sie sind Sakramente, Zeichen für die Gegenwart Gottes und Werkzeuge unserer Bewusstmachung dieser Gegenwart.

Dazu ein Beispiel: Am Muttertag kann man manchmal im Radio oder Fernsehen Diskussionssendungen verfolgen, in denen Menschen die Forderung aufstellen, dass man den Muttertag abschaffen sollte. Es wäre viel besser, man würde sich jeden Tag seiner Mutter

[156] Vgl Geschichte mit den Fußstapfen: Ein Mensch überblickt sein Leben in einem Traum. Es erscheint ihm wie eine Weg am Strand. Meistens sind es Fußspuren von Zweien. In den dunklen Zeiten nur Fußspuren von einer Person. „Wo warst du da Gott?". „Da habe ich dich getragen!"

widmen, jeden Tag für die eigene Mutter dankbar sein und diesen Dank jeden Tag zeigen. Der Muttertag verführe dazu, dass man der Mutter nur an einem Tag des Jahres Dank zeige. Ich stelle die Behauptung dagegen: Wenn man den Muttertag abschafft, dann werden die meisten Menschen nicht jeden Tag sondern an gar keinem Tag der Mutter deutlich Dank erweisen. Ich denke damit nicht schlecht von den Menschen, sondern nur realistisch. Wir Menschen brauchen Höhepunkte, zeitlich wie örtlich, die uns aus dem Getriebe des Alltags herausnehmen, damit wir uns der lebensnotwendigen Konstanten bewusst werden. Der Muttertag erinnert uns an die eigene Mutter. Das Kirchenjahr führt uns durch das unser Leben tragendes Mysterium der Heilsgeschichte. Die sieben Sakramente kennzeichnen lebensweltliche Höhepunkte, die gleichzeitig Glaubenshöhepunkte sind. Die gesprochenen Worte lassen uns Zusammenhänge erkennen, deuten Handlungen, fördern die Bewusstmachung, lassen uns erinnern und können auffordern. Es ist eine tiefe menschliche Weisheit: Einebnen der Höhepunkte führt zur Nivellierung. Die Höhepunkte sollen dagegen die allgemeine Achtsamkeit fördern. Der Muttertag kann bewirken, dass man auch insgesamt der Mutter gegenüber dankbarer ist.

2. Zusammenhänge und Bedeutung der drei Betrachtungsebenen

Nach der Darlegung der drei Betrachtungsebenen stellt sich die Frage: Wie hängen diese zusammen? Gibt es Abhängigkeiten? Peirce's Kategorienlehre kann uns bei diesen Fragen wichtige Hinweise geben, die aber danach theologisch eingeholt werden müssen. Daraus ergeben sich Elemente einer Kriteriologie.

2.1. Peirce's Kategorienlehre: Erstheit, Zweitheit, Drittheit

Die drei Betrachtungsebenen wurden bis jetzt rein theologisch beschrieben. Vergleicht man sie aber mit den drei Kategorien von Peirce, dann ergibt sich eine eindeutige Konvergenz. Die erste Betrachtungsebene, die Gegenwart Gottes an sich, lässt sich als Erstheit (Qualität) beschreiben, die zweite Betrachtungsebene, die lebensweltliche Gnade, als Zweitheit (Aktionen und Reaktionen zwischen Ich und Nicht-Ich), die dritte Betrachtungsebene, Worte und Sakramente, als Drittheit (Vermittlung, Synthesis).

Ohne auf eine weitere Charakterisierung der drei Kategorien und eine Auseinandersetzung mit der Parallele einzugehen, möchte ich gleich die entscheidenden Hinweise aus Peirce's Kategorienlehre anführen:

1. Die Erstheit kann unabhängig von den beiden anderen Kategorien gedacht werden. Die Zweitheit setzt die Erstheit voraus. Die Drittheit setzt die Erstheit und die Zweitheit voraus.[157]
2. Die Erstheit realisiert sich in der Zweitheit, die Erstheit und die Zweitheit drücken sich in der Drittheit aus.

Man muss die Zusammenhänge von 1. und von 2. unterscheiden. Im ersten Punkt werden Abhängigkeiten thematisiert. Die Zweitheit z. B. ist fundiert in der Erstheit, man kann sie ohne die Erstheit nicht denken. Beim zweiten Punkt geht es um die natürliche Dynamik von der Erstheit zur Zweitheit und dies reflektierend in der Drittheit.

Im Folgenden sollen diese Hinweise von Peirce auf Zusammenhänge theologisch eingeholt werden.

2.2. Keine Sünde zerstört die Gegenwart Gottes an sich

Die Zweitheit setzt die Erstheit voraus. Die lebensweltliche Gnade setzt die Gegenwart Gottes an sich voraus. Theologisch negativ formuliert lautet die Aussage: Keine Sünde zerstört die Gegenwart Gottes an sich. Nochmals anders formuliert: Es gibt nach dem Sündenfall keine Totalverderbtheit des Menschen.

Die letzte Aussage führt uns zur Frage nach der Beurteilung der Schöpfungsgeschichte. Sie ist eine zentrale Grundentscheidung für die jeweilige Theologie. Ein Blick zurück in die Geschichte soll dies verdeutlichen. Ist die menschliche Natur durch die Erbsünde völlig verdorben? "Ja" sagt Augustinus, Pelagius verneint. Bei der Antwort auf dieser Frage steht sehr viel auf dem Spiel. Deswegen gilt für jeden Theologen einerseits eine Entschiedenheit im Urteil zu zeigen und andererseits ist er aufgefordert, mit einer gewissen Differenziertheit die Frage anzugehen. Denn schon allein in der Frage stecken "Leerstellen" und Undifferenziertheiten. Der Begriff "menschliche Natur" ist dafür ein Beispiel. Ist sie ein Gegenbegriff zur Gnade? Ist die menschliche Natur die Vernunft der Menschen vor der Offenbarung Jesu Christi? ... Wer diese Frage beantwortet, entscheidet implizit oder explizit über die Definition dieses Begriffes.

Seit der Alten Kirche stehen die Namen Pelagius und Augustinus für die - grob gesprochen - zwei Möglichkeiten, auf jene Frage zu antworten. Es lohnt sich, eine Zusammenfassung der zwei Positionen vor Auge zu führen: "[...] Im Widerspruch zu Augustinus, der die menschliche Natur als Gegensatz zur göttlichen Gnade sehen wird, betont Pelagius: Schon die

---

[157] Vgl. Nagl: Charles Sanders Peirce, Frankfurt 1992, S.94.

menschliche Natur ist Gnade. Aus dieser Grundgnade heraus haben alle Menschen die Fähigkeit, das ihnen ins Herz geschriebene Gesetz Gottes zu erfüllen. [...] Allerdings nimmt Pelagius, was in der Polemik übersehen wird, eine zweite schöpfungsmäßige Grundgnade an: Der Schöpfer begleitet sein menschliches Geschöpf, d. h. alle Menschen mit einer jeweils aktuellen Hilfe [...]. Diese universale, aktive Beistandsgnade wird allen Menschen angeboren. [...] So ist die Realisierung der Fähigkeit, sündenlos zu leben, nicht ein isoliertes menschliches, sondern ein mit Gottes Gnadenhilfe durchgeführtes Werk. [...] Ergänzend zu diesen Schöpfungsgnaden gibt es nach Pelagius noch spezielle heilsgeschichtliche Gnadenerweise Gottes. Sie sind nach dem Fall Adams zum Heil der Menschen nötig geworden. Denn der Fall hat mehrfache schlimme Folgen gehabt: Die Vernunft der Menschen ist verdunkelt und ihr Wille ist geschwächt; [...] Die Macht der Sünde hat aufgrund von schlechtem Beispiel und Gewohnheiten überhandgenommen."[158] "Während Adam vor dem Fall [...] den vollen, auch zum Guten fähigen freien Willen hat und durch das eigene Verdienst der Ausdauer die Fülle des Glücks erhalten hätte, bleibt dem Menschen nach dem Fall gar nichts Gutes mehr, keinerlei Kraft [...]. Die Menschheit ist im Gefolge der Erbsünde ein gänzlich dem Bösen verfallener, völlig ohnmächtiger Haufen: eine Masse der Sünde, eine Masse des Verderbens, eine Masse der Verdammnis. Aus dieser gerechten Verdammnis aller gibt es nur eine einzige Rettung: die Gnade Gottes, vermittelt durch den Erlöser Jesus Christus. [...] Die absolute Gratuität der Prädestination bewirkt, dass niemand dem sich mit eigenen Verdiensten brüstenden Stolz verfallen kann: „Alles ist Gott zu geben, damit überheblich werde."[159]

Beiden Positionen liegt eine unterschiedliche Bestimmung des Verhältnisses von Schöpfung und Christusereignis zugrunde. Nach dem Sündenfall wirkt bei Pelagius weiterhin Gnade, auch wenn sie von der Sünde verdunkelt oder überdeckt wird. Die Offenbarung Gottes durch Christus macht diese wirkende Gnade wieder offensichtlich. Bei Augustinus aber wird die Schöpfung nach dem Sündenfall absolut von dem Stand der nur durch Christus gerecht gemachten Menschen unterschieden. Die zwei Positionen haben eine völlig unterschiedliche Bewertung des Verhältnisses von Schöpfungslehre und Christologie zur Folge.

Obwohl die Beantwortung auf die Bewertung des Sündenfalls und des Verhältnisses von Schöpfung und Christusereignis in jedem theologischen Entwurf fundamental ist, zeigt die

[158] Beinert, W.: Glaubenszugänge. Lehrbuch der kath. Dogmatik, Bd.3, Traktat Gnadenlehre (Georg Kraus), Paderborn 1995, S.206.
[159] ebd., S.215-217.

Geschichte, dass ein Schwanken zwischen beiden Möglichkeiten nicht selten ist. Augustinus selbst war ja selbst in seinen frühen Jahren ein Verfechter des freien und aktiven Willens und einer bedingten Prädestination, gerade in der Auseinandersetzung mit dem manichäischen Determinismus. Thomas von Aquin macht einen ähnlichen Wandel durch: In seinem Frühstadium bereitet der menschliche Wille die Gnade vor, im Spätstadium wird diese Konzeption zugunsten einer starken Betonung des freien und allmächtigen Willen Gottes aufgegeben. Die Folge ist wie bei Augustinus eine unbedingte Prädestination.[160] Neben diesem Schwanken bei Einzelperson stellt man auch ein Schwanken in der Geschichte des Lehramtes fest. In der Alten Kirche verurteilte das Lehramt pelagianische Positionen, im 17. Jahrhundert Sätze des Jansenimsus, der eindeutig ein Augustinismus ist.

Das Schwanken ist verständlich. Denn jeder theologische Satz gibt einen mehr oder weniger deutlichen Akzent in einem Kräftefeld. Dieses Kräftefeld besteht aus mehr oder weniger wichtigen theologischen Interessen, wie z. B.: Es muss Gottes Freiheit und Allmacht gewahrt bleiben. Und: Es muss die menschliche Freiheit gewahrt bleiben. Die Sünde setzt Gnade Widerstand entgegen usw. Theologie betreiben heißt, in diesem Kräftefeld der "Interessen" Position zu beziehen und eine Interpretation vorzulegen: Dieses theologische Interesse betone ich vor jenem, jenes Interesse interpretiere ich so und so, dieses Interesse ist so nicht haltbar usw. Entschiedenheit und Differenziertheit als theologische Arbeitsqualitäten beziehen sich auf dieses Kräftefeld.[161] Möglichst vielen theologischen Interessen bzw. allen als zentral erkannten Interessen gerecht zu werden zwingt die Theologen häufig zu sehr differenzierten Positionen, die in gewisser Hinsicht häufig wie ein Spagat erscheinen.

Trotz all dieser Schwierigkeiten ist für den theologischen Ansatz dieses Artikels eine Totalverderbtheit nach dem Sündenfall auszuschließen. Zur Untermauerung möchte ich Paulus zitieren: "Seit Erschaffung der Welt wird seine unsichtbare Wirklichkeit an den Werken der Schöpfung mit der Vernunft wahrgenommen, seine ewige Macht und Gottheit. Daher sind sie unentschuldbar." (Röm 1,20) Totalverderbtheit bedeutet die absolute Unmöglichkeit, die unsichtbare Wirklichkeit Gottes adäquat zu erkennen. Dann ist mit diesem Status das Verhalten aber entschuldbar. Wenn Paulus sie aber für unentschuldbar hält, muss man mit Verweyen folgern: "Unentschuldbar ist der Mensch nämlich nur dann, wenn er mit

---

[160] Vgl. Beinert, Bd.3, S.209. 229-232.

[161] Dass die heutige theologische Anthropologie sich nicht in einem völlig anderem theologischen Kräftefeld bewegt als Augustinus und Pelagius, das zeigen die drei Positionen zum Zusammenhang zwischen Anthropologie und Theologie, die Lang in seinem Traktat in "Glaubenszugänge" vorstellt.

seiner faktischen Nicht-Anerkennung Gottes, sein in Gottes-Surrogaten und Pseudo-Gottesverhältnissen, im Widerspruch steht nicht nur zu einer *prinzipiell* möglichen authentischen Gotteserkenntnis, sondern zu einer solchen Gotteserkenntnis, die, wenn auch noch so verdeckt, *faktisch* dennoch bereits *wirksam* ist."[162] Das Pauluszitat belegt, dass sich die Gegenwart Gottes an sich in der Lebenswelt, den Werken der Schöpfung, konkretisiert. Und das Verweyenzitat verdeutlicht, dass keine Sünde die Gegenwart Gottes an sich zerstört. Eine spirituelle Sprache drückt diese Position so aus: "[...] viele Menschen haben Angst, den "Teufel", der im Menschen steckt, loszulassen, als ob in der Empörung dem Leben gegenüber die Drohung des totalen Verderbens inbegriffen wäre. Andere fürchten sich, ihrer Entrüstung freien Lauf zu geben, da sie sich vorstellen, dass der Mensch wie ein wildes Tier ist, innerlich ganz verdorben, und darum jede gefährliche Neigung unterdrückt werden muss. Der Christ ist dagegen überzeugt, dass der Mensch im Grund genommen gut ist. Gott hat ihn zur Liebe erschaffen, und deshalb befinden sich seine zerstörerischen Neigungen in einer Zwischenzone."[163]

Der theologische Gedankengang hat bis jetzt erbracht, dass die die Gegenwart Gottes an sich durch den Sündenfall nicht jenseits der Lebenswelt ist. Aber wie ist der Zusammenhang von zweiter und erster Betrachtungsebene positiv zu denken? In der Lebenswelt "inkarniert", "aktualisiert" bzw. "vergeschichtlicht" sich die Gegenwart Gottes an sich. Hier stößt sie auch auf Widerstände, die sie verdunkelt und verzerrt.[164] Aber wo sie sich aktualisiert ist sie lebensweltliche Gnade. Sie zeigt sich z. B. in den Charismen, im Wachsen von Glaube, Liebe und Hoffnung.

2.3. Sakramente sind in der Lebenswelt verortet

Die Drittheit setzt die Zweitheit voraus. Die Sakramente sind in der Lebenswelt verortet. Sakramentale Gnade ist in lebensweltlicher Gnade eingebetet, sie symbolisiert und feiert jene. Die sakramentale Gnade ist Zeichen der Gnade, die in der Lebensgeschichte, in der Lebenswelt, in Gemeinschaften, in Geschichten, in Geschichte überhaupt wirkt. Negativ formuliert: Diese These geht davon aus, dass es neben der lebensweltlichen Gnade keine gesonderte sakramentale Gnade gibt und dass die sakramentale Gnade nicht die Quelle der

[162] Verweyen: Gottes letztes Wort, 3. Aufl., Regensburg 2000, S. 44.

[163] Jalics, F.: Lernen wir beten, München 1981, S. 44.

[164] Ein Beispiel: Der elan vital bei Bergson, die sich aktualisierende Schöpferkraft Gottes, stößt in der Evolution auf Widerstände. Das "initial aim" in der Prozessphilosophie wird im Werdeprozess oft verzerrt.

lebensweltlichen Gnade sein kann. Wer die Lebenswelt als total sündenverderbt seit dem Sündenfall annimmt, der wird die obige These ablehnen. Für diesen theologischen Denker verwirklicht sich die Gegenwart Gottes an sich in der Lebenswelt nur durch die Sakramente bzw. durch das Wort. Daran sieht man, dass die obige theologische Position hier ihre Auswirkungen hat und dass die Abhängigkeit der Drittheit von der Zweitheit eine Abhängigkeit der Zweitheit von der Erstheit impliziert.

Die These soll hier durch die Praxis untermauert werden. Denn in der Sakramentenpraxis und pastoralen Praxis hat man immer gewusst und immer wieder festgestellt, dass die sakramentale Gnade in der lebensweltlichen Gnade eingebettet ist. Einige Beispiele sollen dies aufzeigen:

Eine Partnerschaft für das ganze Leben einzugehen, ist ein Wagnis, zu dem man nur aus einem gewordenen Vertrauen heraus ja sagen kann. Die Verlobung vor der Ehe verweist darauf, dass vor dem Ja in der Eheschließung eine gemeinsame Zeit des Prüfens sinnvoll und notwendig (die Not einer falschen Entscheidung abwendend) ist. In der Verlobung sagen zwei Menschen zueinander: Ja, ich glaube, dass wir ein gutes Paar ergeben können. Wir gönnen uns nun eine Zeit, um zu spüren, ob zwischen uns die Gnade der Liebe gedeiht. In der Verlobungszeit soll sich der lebensweltlichen Gnade versichert werden, oder ganz salopp formuliert: Ob die zwei zueinander passen und sich wirklich mögen. Denn dieses Sich-mögen ist wirklich Gnade! Gerade bei der Ehe ist es wohl jedem einsichtig, dass die sakramentale Gnade in die lebensweltliche Gnade eingebettet ist, jene symbolisiert und feiert. Wenn die lebensweltliche Gnade fehlt, scheitert die Ehe - auch wenn diese Ehe nicht öffentlich getrennt wird. Dass eine lebensweltliche Gnade auch nach der sakramentalen Eheschließung dazu kommt, mag vorkommen. In kirchenrechtlicher Sprache könnte man diesen Fall als "sanatio in radice" bezeichnen.

Die lebensweltliche Gnade beim Weihesakrament wird als Berufung bezeichnet. Um einer Berufung sicher zu sein, gibt es drei klassische Kriterien, die ganz auf der Ebene der Lebenswelt liegen: 1. Die Person muss ein Können, ein Vermögen bzw. passende Charismen besitzen. (Wenn jemand nicht malen kann, ist er nicht zum Maler berufen.) 2. Die Person muss wollen, sie muss der Berufung zustimmen. (Wenn jemand nicht malen will, wird er nicht Maler werden.) 3. Die Berufung muss bei den anderen Menschen auf Resonanz stoßen.

(Wenn die gemalten Bilder keiner anschauen will, dann ist er letztlich kein Maler.[165]) Vor der Weihe sollen deswegen die Kandidaten früh genug erstens sich ihrer Fähigkeiten und Schwächen (an denen sie ja arbeiten können) bewusst werden und zweitens auch ihre Entschiedenheit zu diesem Weg überprüfen. Das dritte Kriterium hat seinen Niederschlag direkt in einem Teil der Weiheliturgie, wenn der Regens dem Bischof antwortet: Das Volk und die Verantwortlichen wurden gefragt, ob er würdig ist. Auch bei diesem Sakrament kann die lebensweltliche Gnade Defizite vorweisen. Die Kirche als Institution konnte im Donatistenstreit nicht anders entscheiden. Sie musste die lebensweltliche Gnade des Spenders aus der Frage nach der Wirksamkeit der Sakramente ausschließen. Eine andere Entscheidung hätte wohl unmenschliche Konsequenzen beschert. Trotzdem kann man die Differenz zwischen der lebensweltlichen Gnade und dem Sakrament nicht vertuschen. Elmar Klinger formuliert dies so: "Sakramente sind wirksame Zeichen, sind Zeichen der wirksamen Gnade Christi und wirken ex opere operato kraft ihrer eigenen Verwiesenheit auf seine Person. Aber sie wirken nicht automatisch, man kann ihnen Widerstand entgegensetzen, dadurch ihren Sinn verfehlen und ihre Wirksamkeit verhindern. "[166]

Wie Sakramente ihren Sinn verlieren können, zeigt eine kleine Geschichte: Ein Mann erzählte im Beichtstuhl, dass er unter anderem mit seinem Nachbarn häufig Streit hatte. Der Priester fragte ihn, ob er sich mit dem Nachbarn versöhnen könne. Der Mann antwortete: "Mit dem? Niemals!" Der Priester fragte ihn weiter, ob er für den Nachbarn ein Vaterunser beten könne. Der Mann antwortete, dass er für diesen Menschen kein Vaterunser beten werde. Der Priester erwiderte: "Dann kann ich Sie nicht von Ihren Sünden lossprechen." Die Reue, die das Sakrament der Versöhnung voraussetzt, gehört zur Lebenswelt. Zeigt ein Mensch Reue, dann wirkt bei diesem Menschen lebensweltliche Gnade. Die sakramentale Gnade baut auf der lebensweltlichen Gnade auf.

Aus diesem Grunde werden Kinder und Jugendliche auf das Sakrament der Eucharistie und der Firmung vorbereitet. In diesen Katechesen soll die Verbindung der Lebenswelt der Jugendlichen mit den Sakramenten und deren Bedeutung sowohl hergestellt als auch transparent gemacht werden. Angesichts unserer gesellschaftlichen Situation, in der sich

---

[165] Nun wissen wir aus der Kunstgeschichte von Malern, deren Bilder erst nach ihrem Tod berühmt wurden. Insofern gibt es bei einem Künstler die Möglichkeit einer "Hoffnung" auf später, weil sein Werk sein Leben überdauern kann. Das ist aber bei der Priesterberufung nur teilweise möglich. Die Resonanz muss da unmittelbarer folgen.

[166] Elmar Klinger: Armut. Eine Herausforderung Gottes, Zürich 1990, S.121.

immer mehr Teilbereiche differenzieren, ist das Bemühen, eine solche Verbindung herzustellen, heute wichtiger als früher. In diesen Vorbereitungen sollen die Sakramente als Impulse erlebt werden, die die lebensweltliche Gnade offenbar machen können.
Auch die Kirche als Sakrament ist in der Lebenswelt verortet. Der Theologe Sobrino unterscheidet deswegen zwischen sekundärer und primärer Ekklesialität. "Die Kirche als Institution ist in diesem Fall Treuhänderin des Glaubensgutes und Garantin der letztgültigen Wahrheit. Das setzt eine Realität voraus, die noch davor liegt und die wir *primäre Ekklesialität* nennen: die gemeinsame Verwirklichung des Glaubens an Christus und die Vergegenwärtigung Christi in der Geschichte, insofern er das Haupt seines Leibes, der Kirche, ist. Unter der primären Ekklesialität verstehen wir, dass sich innerhalb der Kirche deren Wesen verwirklicht, insofern in ihr Glaube, Hoffnung und Liebe werden bzw. - christologisch formuliert - Nachfolge Jesu realisiert wird. Wenn die Kirche das tut er und ist, wird sie zum Sakrament im Hinblick auf Christus, sie wird zu seinem Leib in der Geschichte."[167] Ein gutes Beispiel für diesen Zusammenhang ist Paulus' Kritik an den Korinthern, dass die Reichen der Gemeinde schon vorzeitig das Essen beginnen und nicht auf die Ärmeren warten. In einer solchen Lebenswelt, in der so miteinander umgegangen wird, kann der Sinn des Sakramentes nicht voll zum Tragen kommen.

2.4. Eine positive Aussage ist keine exklusive - Sakramente verweisen auf die Gegenwart Gottes an sich

Wenn die Zweitheit die Erstheit voraussetzt und die Drittheit die Zweitheit, dann ist auch die Drittheit in der Erstheit verortet. Theologisch bedeutet dieser Zusammenhang, dass eine positive Aussage keine exklusive ist. Oder anderes formuliert, dass die Sakramente auf die Gegenwart Gottes an sich verweisen. Der Theologe Simonis wendet dieses Prinzip an. Gleich am Anfang seiner Dogmatik schreibt er zu LG 16: "Während die Kirche früher hinsichtlich des Heiles eine exklusive Aussage traf und diese Exklusivität (nur in der Kirche ist kein) noch einmal durch eine weitere negative Aussage (außerhalb der Kirche ist kein Heil) zum Ausdruck brachte, spricht das Vatikanum II von Heil und Heils wenden in positiver und nicht exklusiver Weise. (...) Dass die Kirche der "Raum des Heiles" ist, diese Überzeugung teilt die Kirche der Gegenwart selbstverständlich mit der ganzen Tradition. Aber Lumen gentium sieht

[167] Jon Sobrino: Christologie der Befreiung, Bd 1, Mainz 1998, S. 51. Die primäre Ekklesialität entspricht unserer zweiten Ebene, die sekundäre Ekklesialität entspricht der dritten Ebene.

darin einen positiven Sachverhalt, dessen Positivität nicht erst dadurch einleuchtend wird oder gemacht werden muss, dass er zu einem exklusiven erhoben wird; und dies gar dadurch, dass gesagt wird: Alle, die nicht zu Kirche gehören, die nicht getauft sind, können nicht gerettet werden."[168]

Simonis zeigt am Beispiel der Eucharistie auf, wie eine Missachtung dieses Prinzips negative Folgen haben kann. Die Realpräsenz Jesu Christi in der Eucharistie ist eine Glaubensüberzeugung der Kirche. Wenn man aber dem Leitsatz "lieber etwas zu viel als zu wenig Wunder"[169] mehr folgt als dem Prinzip, dass eine positive Aussage keine exklusive ist, dann wird der Zusammenhang zwischen der Gegenwart Jesu Christi in der Eucharistie und der Gegenwart Christi im ganzen Kosmos vernachlässigt: "Die Theologie selbst suchte das besonders Wunderbare, das Mirakulöse, und geschehe es auch nur unsichtbarerweise. Damit verrät sie zum einen, dass sie mehr affirmativ als distanziert erhellend dem religiösen Bedürfnisse des Volkes verhaftet ist; zum anderen aber auch, dass sie fixiert auf das eine "Wunderbare", nicht mehr dem Zusammenhang des Ganzen sieht, das in der Tat ein bleibendes Wunder ist und zudem auch und erst recht das Mysterium der Realpräsenz gehört."[170]

Wichtig ist die Hochhebung des Gesamten anstatt die Hervorhebung eines Besonderen auf Kosten des anderen Teils der Realität, anders formuliert: Sakramente sind Lernorte, um Gott in allen! Dingen zu entdecken; sie sind dazu da, das ganze Leben als heilig zu entdecken, die ganze Welt als Sakrament Gottes, und nicht, um eine kleine heilige Welt inmitten dem Jammertal „Welt" zu schaffen, um diesem Jammertal zu entfliehen.

2.5. Konkretisierung und Gestaltwerdung

Neben diesen drei Abhängigkeiten ergab sich aber aus der Kategorienlehre von Peirce auch, dass die Erstheit sich in der Zweitheit realisiert und die Zweitheit sich in der Drittheit ausdrückt. Die Erstheit hat einen "natürlichen Drang", sich in der Zweitheit zu konkretisieren und in der Drittheit Gestalt zu werden. Auch diese grundsätzliche Ordnung findet sich in der Glaubenswelt wieder: die christlichen Mystiker zum Beispiel bleiben nicht bei der reinen Gottesschau stehen, sondern sie wollen Gottes Gegenwart und Gnade in der Lebenswelt, also

---

[168] Walter Simonis: Glaube und Dogma der Kirche: Lobpreis seiner Herrlichkeit. Leitfaden der kath Dogmatik nach dem II Vatikanum, St. Ottilien 1995, S. 8.
[169] ebd. S. 326.
[170] ebd. S. 327. Vgl. auch meinen Artikel zur Realpräsenz.

unter den Menschen konkret werden lassen. Wer bei der reinen Gottesschau stehen bleibt, der lehnt entweder die Welt als nicht wesentlich oder durch die Sünde total verdorben ab oder er möchte die Gottesschau für sich genießen und ist ein Egozentriker, der das Wesen der Gegenwart Gottes nicht verstanden hat.[171]

2.6. Die Kraft des Zeichens, auf die Gegenwart Gottes zu zeigen

Der skeptisch fragende Leser wird mir vielleicht nun folgenden Fall vorlegen: angenommen, ein Mensch lebt in einer Lebenswelt, in der Haß und Gewalt herrschen oder in der er sich einsam und verlassen fühlt. Können und müssen dann nicht die Sakramente wirkliche Zeichen für die Gegenwart Gottes an sich sein jenseits dieser Lebenswelt? Kann sich die Drittheit auf die Erstheit jenseits der Zweitheit beziehen?
Ich muss diesem Einwand Recht geben: die Sakramente können und müssen eine Kraftquelle sein auch in einer dunklen und zerrissenen Lebenswelt. Aber die Rituale der Sakramente dürfen nicht zu einer Sonderwelt werden, in der sich dieser Mensch auf Dauer zurückzieht. Wenn die Sakramente wirklich Zeichen der Gegenwart Gottes für diesen Menschen werden, dann führt diese Erfahrung, ja muss diese Erfahrung dazu führen, dass dieser Mensch in seiner dunklen und zerrissenen Lebenswelt ein Lichtschein sein will. Dieser Gedankengang hat natürlich seinen Bezug zur klassischen dogmatischen Lehre, dass die Sakramente unabhängig von der Würdigkeit des Spenders sind und dass Jesus Christus der eigentliche Geber der Sakramente ist.

2.7. Die Erstheit entzieht sich dem Zugriff - die Gegenwart Gottes ist Geschenk

Der Schriftsteller Gerhard Hauptmann ist bekannt für seine Sozialkritik. Er ist somit ein Kämpfer für eine bessere Lebenswelt. Um so mehr erstaunt es, dass er in seinem Jesusroman "Der Narr in Christo Emanuel Quint" das Reich Gottes als etwas entdeckt, das sich zwar in der Lebenswelt aktualisiert, das sich aber darauf nicht reduzieren lässt. Kuschel schreibt dazu: "Dieses Reich ist - folgen wir dem Roman - offensichtlich nicht einfach durch Anstrengungen eigener Sittlichkeit oder Programme gesellschaftliche Praxis herbeizuführen. Es ist radikal Gnade, immer nur von Gott geschenkt, und besteht bedingungslos aus dem Gebot der

[171] Deswegen lobt Bergson die christlichen Mystiker, weil sie im Gegensatz zu Plotin eine aktive und den Nächsten liebende Kontemplation pflegen. Deswegen warnen große Zenmeister vor der Gefahr, nach einer Erleuchtung in der Welt der Leere, d. h. die Erfahrung der reinen Gegenwart des Absoluten, die Erstheit pur, stecken zu bleiben.

"Selbstlosigkeit", das jegliches Verfügen über das Reich als "Lohn" sittlichen Tuns oder als Sozialprogramm außer Kraft setzt. In dieser Perspektive erscheint Quints Narrentum als Ausdruck einer Gottunmittelbarkeit, die "unbegreiflich" und "anormal" wirkt, weil sie sich jeder menschlichen Verfügung entzieht. Geschieht dies dennoch, die bei den Anhängern des Predigers, die Quint für ihre Messias- Hoffnungen funktionalisieren, vergreifen sie sich an ihn. Sie habe nicht begriffen: das Gottes Reich [...] leuchtet nur auf in der Präsenz der Gottes- und Geistesfülle, der auf Seiten des Menschen die radikale Selbstlosigkeit entspricht."[172]

3. Schlussgedanken

Karl Rahner hat in seiner "Rede des Ignatius von Loyola an einen Jesuiten von heute" ein sehr schönes Bild bzw. Gleichnis angeführt, dass einige unserer Ausführungen in diesem Artikel zusammenfassen kann: "Die Kirche, so kann es einem scheinen, errichtet ungeheuere und komplizierte Bewässerungssysteme, um das Land dieses Herzens zu bewässern und fruchtbar zu machen, durch ihr Wort, ihre Sakramente, ihre Einrichtungen und Lebenspraxen. Nun sind alle diese "Bewässerungssysteme", wenn man einmal so sagen darf, sicher gut und notwendig (selbst wenn auch die Kirche selber gesteht, dass auch dort ein solcher Herzensboden Früchte der Ewigkeit bringen kann, wohin die "Bewässerungsanlagen" der Kirche nicht hingediehen sind). [...] da meine ich dann: neben diesen gleichsam von außen kommenden, von außen eingeleiteten Wassern, die dieses Land der Seele tränken sollen (ohne Bild: neben dem religiösen Indoktrinationen, über die Sätze von Gott und seinen Geboten hinaus, über all das hinaus, was als anderes nur auf Gott hinweist, wozu auch Kirche, Schriftwort, Sakramente usw. gehören), gibt es gewissermaßen eine Tiefenbohrung auf diesem Land selbst, so dass aus einer solchen Quelle, so erbohrt, inmitten dieses Landes selbst die Wasser des lebendigen Geistes emporsprudeln in das ewige Leben, wie es doch eigentlich bei Johannes schon steht. Wie gesagt, das Bild ist schief; es gibt keinen letzten Gegensatz zwischen dieser eigenen Quelle unter dem "Bewässerungssystem" von außen her. Selbstverständlich bedingen sich diese beiden Wirklichkeiten gegenseitig. Aller Anruf von außen im Namen Gottes (ein anderes Bild) will nur die innere Selbstzusage Gottes selber deutlich machen, und diese bedarf auch jenes Anrufes in irgendeiner irdische Gestalt [...]. Aber, eigensinnig betone ich es immer wieder: solche Indoktrinationen und solche Imperative von außen, solche Zuleitungen

---

[172] Kuschel, K.-J.: Jesus in der Weltliteratur, Düsseldorf 1999, S. 611.

der Gnade von außen nützen im letzten nur, wenn sie der letzten Gnade von innen her begegnen. [...] Mir scheint es selbstverständlich zu sein, dass eine solche Hilfe zu unmittelbaren Begegnung mit Gott (oder soll man sagen: zu Erfahrung, dass der Mensch Gott immer schon begegnet ist und begegnet?) heute noch wichtiger ist als jemals, weil sonst die Gefahr unüberwindlich, dass alle theologischen Indoktrinationen und alle moralischen Imperative von außen in der tödlichen Stille verschluckt werden, die der heutige Atheismus um jeden einzelnen ausbreitet ohne dass man merkt, dass diese schreckliche Stille nochmals von Gott spricht."[173]

Die klassische Dogmatik hat in ihrer Sakramentenlehre auch ein triadisches Zeichen-Modell: res sacramenti, res et sacramenti, sacramentum tantum. Man kann diese drei Aspekte einfach den drei Ebenen zuordnen. Da stellt sich die Frage, warum ich für diesen Artikel nicht die alten Begriffe benutzt habe, sondern neue eingeführt habe. Die Einführung dieser neuen Begriffe war insofern wertvoll, weil sie die Differenzierungen deutlicher herausheben können und die Kriterien, welche Abhängigkeiten, Beziehungen, Dynamiken und auch partiellen Eigenständigkeiten bestehen und welche nicht, klarer präzisieren können.

---

[173] Rahner, K.; Imhof, P.: Ignatius von Loyola, Freiburg 1978, S. 14 - 15.

Realpräsenz

Präludium: eine persönliche Geschichte

Manchmal in einem Leben ergibt sich durch ein Gespräch, durch eine Lektüre, durch ein Ereignis, durch eine Begegnung ein Impuls, der bewirkt, dass man sein ganzes Gedankengebäude, sein ganzes Koordinatensystem verändert und neu ausrichtet. Bergson würde sicherlich hier von einer Eingabe, einer Intuition sprechen. Nicht selten ist diese Intuition so prägend, dass sie in immer neuen Gedankengängen entfaltet wird und seit dem Intuitionserlebnis das Denken und Fühlen der Person wesentlich beeinflusst.

Von einer solchen Eingabe möchte ich hier erzählen: ich war vielleicht 15 oder 16 Jahre alt. Da stieß ich auf das Problem der Bittgebete. Mit folgendem Gedankengang, der in rühriger Weise ein jugendliches Tasten verrät, wollte ich damals das Problem lösen:

"Ich bete für jemanden. Dieser weiß davon nichts und ist auch nicht in der Nähe. So kann ich ihn direkt in keinster Weise beeinflussen. Sich scheinbar widerstrebende Thesen ergeben sich:

1. Gott hat die Freiheit, zu helfen oder nicht. Auch das Wie steht ihm frei. Wir können nicht sagen: drei Rosenkränze bewirken eine Krankheitsverbesserung. Wir haben keine Macht über Gott und auch nicht seinen Horizont. Das Vertrauen auf seine Weisheit ist wichtig.

2. Was wäre, wenn ich nicht gebetet hätte: Wäre die Gesundheitsbesserung, die bei dem eingetreten ist, für den ich gebetet habe, dann geringer gewesen oder ausgeblieben? Das scheint ein Widerspruch zu sein.

3. Die Gegenwart Gottes ist nicht überall konstant. Vergleich: ein Mensch kann in verschiedener Weise in einem Zimmer dasein. Mit seinem Körper kann er anwesend sein, und gleichzeitig geistig abwesend. Oder er ist das Gesprächsthema, oder ein Bild hängt von ihm an der Wand.

4. Die wirkliche Wirkung eines Bittgebetes können wir Menschen nicht herausfinden. Trotzdem möchte ich nun einen neuen Aspekt einführen, der den Widerspruch vielleicht ausräumen, aber bei den ich mir bewusst bin, dass er ein unvollkommenes Modell für das Mystische beim Bittgebet ist. Ich postuliere, dass bei jedem Bittgebet die Gegenwart Gottes sich bei dem erhöht, für den ich bete. Damit schränke ich aber nicht Gottes Entscheidungsfreiheit ein. Auch folgt daraus nicht, dass der, für den ich bete, diese

Gegenwart Gottes notwendig in Kraft und Stärke umsetzen. Gnadenströme können blockiert werden."

Diesen Text gab ich einem Jesuitenpater. Dieser antwortete mir schriftlich folgendermaßen:

"- Gott tut sowieso immer das Gute und das Beste. Er hilft sowieso immer. Er muss damit nicht warten, bis ihn jemand darum bittet. Er muss nicht bewegt werden zu etwas, das er sonst nicht tun würde. Ein Bittgebet wirkt also eigentlich nicht auf Gott.

- Ein Bittgebet hat eine erste Wirkung auf den Beter selbst: er wird bereit, Gottes Pläne anzunehmen. Markus 11,24

- Ein Fürbittgebet hat auch eine Wirkung für den anderen Menschen: er spürt die Solidarität und kann wieder aufleben bzw. ist in seiner Not getragen (ob er es weiß oder nicht). Das ist die direkte Wirkung des Gebetes; deshalb ist es nicht egal, ob man betet oder nicht. Jeder Mensch hat die Pflicht zur Solidarität: nicht Veränderbares mitzutragen und Veränderbares zu verändern.

- Die biblisch geforderte Beständigkeit des Bittens ist nötig wegen unserer, nicht wegen Gottes Hartherzigkeit.

- Unabhängig davon hat jeder Mensch die Möglichkeit, sein momentanes Empfinden, seine augenblickliche Not vor Gott hinzustellen. Ziel eines solchen Gebet kann also nicht sein, dass Gott die Not ändert, sondern dass der Mensch annehmen kann, was auch immer sich ändert oder gleichbleibt.

[und nun kommt die Aussage, die mein ganzes Denken verändert hat:]

Die Gegenwart Gottes ist wohl "von ihm her gesehen" überall konstant. Aber wir sind nicht immer und überall gleich offen und empfänglich dafür. Wenn also mein "solidarischer Einsatz" für den anderen ihn tatsächlich mehr für Gott öffnet, spürt er mehr von Gott. So kann einer zum "Mittler" der Erlösung für andere werden. Siehe auch Christus."

Wenn Gottes Gegenwart von seiner Blickrichtung aus überall gleich ist, was ergeben sich für Konsequenzen daraus im theologische Denken? Diese Frage war bewusst oder unbewusst seitdem mein Wegbegleiter. Höchst spannend wurde diese Frage in Bezug auf die Realpräsenz Gottes in den eucharistischen Gaben.

Drei Variationen

"Die Gegenwart Gottes ist wohl "von ihm her gesehen" überall konstant. Aber wir sind nicht immer und überall gleich offen und empfänglich dafür." Beide Sätze müssen im Verbund gelesen werden. Das zeigen folgende drei Geschichten aus dem Leben großer Heiliger. Sie verdeutlichen auch das gedankliche Dilemma, das ich in diesem Artikel bearbeiten möchte.

1. Mose erfährt am brennenden Dornbusch die Gegenwart Gottes. Einerseits muss Mose die Schuhe ausziehen, weil er an einem heiligen Ort ist. Andererseits stellt sich Gott mit den Namen Jahwe - ich bin der, der ich bin da - vor. In seiner Unbestimmtheit und Allgemeinheit drückt dieser Name schlicht aus, dass Gott da ist - das heißt aber auch immer und überall. Von diesem Namen her ergeben sich keine Gegenwartsunterschiede. Aber trotzdem wird dieser Name an einem heiligen Ort verkündet.

2. Ignatius von Loyola wurde einerseits durch Gottes Gnade immer mehr zu dem Empfinden geführt, dass er Gott in allen Dingen sah. Und andererseits empfand er große Hingabe an das Sakrament der Eucharistie, ihm brachen die Tränen aus. Er war im höchsten Maße ergriffen im Vollzug des Sakramentes.

Beide Beispiele zeigen, dass es Orte, Zeiten, Rituale (Sakramente) gibt, die intensiver Menschen die Gegenwart Gottes erfahren lassen. Und trotzdem ist eine Fixierung auf einen Gegenstand, einen Ort, eine Zeit nicht der Weisheit letzter Schluss.

3. Gertrud von Helfta und ihre Gemeinschaft lagen eine gewisse Zeit im Streit mit ihren für sie zuständigen Priestern. Der Konflikt spitzte sich so sehr zu, dass diese den Nonnen die Kommunion und die Teilnahme am Gottesdienst verweigerten. Gertrud von Helfta erkannte in einer Vision, dass sie und ihre Mitschwestern sich nicht sorgen brauchten. Der Herr Jesus Christus würde auch ohne das "konkrete" Brot (Leib Christi) bei ihnen anwesend sein. Sie würden eine geistige Kommunion empfangen. Wie ist das möglich?

Zwei gedankliche Anläufe

1. Simonis´ Analyse der Realpräsenz

1.1. Der Grundsatz: eine positive Aussage darf nicht exklusiv verstanden werden.

Der Dogmatiker Walter Simonis hat in seinem Werk "Glaube und Dogma der Kirche: Lobpreis seiner Herrlichkeit. Leitfaden der katholischen Dogmatik nach dem Zweiten Vatikanum" am Anfang einen zentralen Grundsatz vorgestellt. Man kann vermuten, dass dieser Grundsatz eine wichtige Intuition in seinem theologischen Denken gewesen ist. (Er hat ihn in seinen Vorlesungen häufig genug ausgebreitet.) Am Beispiel von Lumen gentium 16 erläutert er seinen Grundsatz: eine theologische Aussage muss positiv und nicht exklusiv verstanden werden. Zum Beispiel ist der positive Satz "in der Kirche ist Heil" wahr. Wird er exklusiv verstanden, ergibt sich die negative Aussage: außerhalb der Kirche ist kein Heil. Das zweite Vatikanischen Konzil hat sich nach Simonis von dieser exklusiven Deutung der positiven Aussage verabschiedet. Der Sinn einer positiven Aussage ist nämlich in der Theologie "Lobpreis seiner Herrlichkeit", Ausdruck über die Freude, die Gnade Gottes erfahren zu dürfen. Aus dieser positiven Aussage wird nicht die Anmaßung abgeleitet, genau über Gottes Heilswillen Bescheid zu wissen und damit die "Anderen" beurteilen zu können. "Das Konzil hat vielmehr, so könnte man sagen, die soteriologische Frage aus ihrer traditionellen Verklammerung mit dem eigentlichen Wesen der Kirche gelöst und das Soteriologische wieder allein Gottes Heilswillen anheimgestellt."[174]

1.2. Realpräsenz und Kritik an der Transsubstantiation

Diesen Grundsatz auf die Frage der Realpräsenz angewendet ergibt folgenden Gedankengang: "Gott bzw. Christus ist in der Eucharistie real präsent." Dies ist eine positive Aussage. Aus ihr kann man nicht folgern, dass Gott bzw. Christus an einem anderen Ort weniger real präsent ist.[175] Dieses Ergebnis deckt sich mit der Aussage des Jesuitenpaters: Die Gegenwart Gottes ist wohl "von ihm her gesehen" überall konstant.

Simonis lässt keinen Zweifel daran, dass er in der Transsubstantiationslehre ein Interesse sieht, das er drastisch folgendermaßen formuliert: "Lieber etwas zu viel als zu wenig Wunder; würden ohne das Wunder die Kirchen nicht leer?"[176] Simonis argumentiert in einer ausführlichen Fußnote auch direkt gegen diese Lehre: "Nimmt man sie aber exakt beim Wort, so nämlich, dass es sich nach ihr wirklich um die Verwandlung der physischen Substanz handelt (also, fachterminologisch gesprochen, um die "zweite Substanz", nicht um die "erste Substanz") dann sieht ihr Ergebnis doch etwas seltsam aus: Nach ihr wäre überall dort in der Welt, wo diese Substanzverwandlung stattfindet, das Sein der Welt unsichtbarerweise durchlöchert, da ja der Leib Christi, in dem die Substanz von Brot und Wein verwandelt ist, nicht etwa an deren "Stelle" getreten ist, sondern eine streng unweltliche, raum- und zeitlose Wirklichkeit ist. Blieben nicht "wunderbarerweise" die empirischen wahrnehmbaren Akzidentien von Brot und Wein, ihre "species", erhalten, so müssten wir jeweils in ein schwarzes Loch sehen. [...] Eher müsste man daher konsequenterweise sagen: Der Leib Christi ist überall und nirgends. Überall nämlich im selben Sinne, wie die Wirklichkeit des

---

[174] Walter Simonis: Glaube und Dogma der Kirche: Lobpreis seiner Herrlichkeit. Leitfaden der katholischen Dogmatik nach dem Zweiten Vatikanum", St. Ottilien 1995, S. 9.

[175] ebd. Vgl. S. 331.

[176] ebd. S. 326.

Himmels über aller irdischen Wirklichkeit ist und so in einer Dimension existiert, die aller Begrenztheit von Raum und Zeit enthoben ist und sie doch als ihnen überlegene, weil endgültig bleibende umfasst. Nirgends in dem Sinne, dass er eben nicht zu irdischen Wirklichkeit gehört und so auch nicht empirisch bestimmt, als hic et nunc seiend definiert werden kann!"[177]

Simonis betont immer wieder, dass die Realpräsenz der Eucharistiefeier im Zusammenhang des Ganzen gesehen werden muss. Und das Ganze meint hier die ganze Heilsgeschichte, die sich auf den ganzen Kosmos bezieht. "Schon so gesehen ist Realpräsenz nicht zu begreifen als Ergebnis einer geheimnisvollen unsichtbaren Umwandlung irdischer Substanzen oder Elemente in himmlische, sondern zu verstehen als "Ergebnis" des wirklichen Kommens und bleibenden Daseins Gottes in seiner Welt. [...] Gottes Selbsthingabe und Präsenz in ihr [Welt] ist sein verewigendes Lebendigmachen ihres geschöpflichen Seins."[178]

Aber woher kommt das Interesse an eher zu viel als zu wenig Wunder? Simonis skizziert eine Entwicklung von der Alten Kirche bis zum Mittelalter. In der Alten Kirche war den Gläubigen die Realpräsenz Gottes in der gesamten Geschichte und dem ganzen Kosmos noch empfindungsmäßig bewusst. Im Mittelalter war dieses intuitive Verständnis weitgehend verloren gegangen. Deswegen musste Gott an besonderen Orten seine Gegenwart (in besonderer Weise) präsentieren, weil seine Realpräsenz in Geschichte und Kosmos für die Gläubigen nicht mehr greifbar war. [So erklärte es Simonis in seiner Vorlesung.]

In den Debatten über Realpräsenz kann einer der Kontrahenten den anderen fragen: "Glaubst Du nicht daran, dass Christus in den verwandelten Gaben von Brot und Wein mehr gegenwärtig ist?" Diese Frage geht davon aus, dass ein Mensch, der in ähnlicher Weise wie Simonis die Realpräsenz versteht, weniger glaubt. Aber ist es nicht gerade umgekehrt? Ist demjenigen, der ein Mehr nötig hat, nicht der Glaube an die wirkliche Realpräsenz Gottes in der ganzen Heilsgeschichte und damit im ganzen Kosmos in gewissen Maßen abhanden gekommen? Oder liegt nicht gerade in dem Drang nach Lokalisierung der Gegenwart Gottes ein Missverständnis des Glaubens? Simonis noch einmal: "Seine wirkliche Gegenwart nicht nur "positiv" zu glauben, sondern exklusiv "lokalisieren", um-schreiben = definieren zu wollen - so dass man schließlich mit dem Finger hinzeigen oder ein zeitliches Wann bestimmen könnte -, das wäre ein Begreifenwollen dessen, was in strengem Sinn

[177] ebd. S. 531, Fußnote 443.
[178] ebd. S. 328 -329.

unbegreiflich, Mysterium des Glaubens ist".[179] Und das grundlegende Mysterium des Glaubens ist die Hingabe Gottes an seine Welt!

1.3. Die "politische" Dimension

Der folgende Gedankengang sei nur kurz skizziert. Eine ausführliche Erörterung würde den Rahmen sprengen. Hans Joachim Sander unterscheidet in seinem Buch "nicht ausweichen. Die prekäre Lage der Kirche" zwischen der Religionsgemeinschaft und Pastoralgemeinschaft. Das zweite Vatikanische Konzil ermöglicht nach ihm, die Kirche neu als Pastoralgemeinschaft und nicht mehr als Religionsgemeinschaft zu verstehen. Ein Zitat zeigt, dass es zwischen dem Verständnis der Realpräsenz, der Revolution von LG 16 und dieser Unterscheidung zwischen Religionsgemeinschaft und Pastoralgemeinschaft Zusammenhänge geben könnte: "Eine Religionsgemeinschaft muss sich notfalls auch gegen den wirklichen Glauben von Menschen durchsetzen, sonst hört sie auf zu existieren; eine allgemeine, gleiche und freie Gottesgegenwart ist für sie eine Zumutung, die sie nicht aushält."[180]

1.4. Einwand und Überleitung

Trotz dieser Argumentation möchte ich noch einmal fragen, ob in diesem Mehr nicht ein berechtigtes Interesse liegt! Hat nicht der Heilige Ignatius von Loyola die Gegenwart Gottes in der Eucharistie viel intensiver erlebt - obwohl gerade er der Heilige ist, der Gott in allen Dingen sehen konnte? Wir müssen uns die Frage stellen, ob wir dieses Mehr rein subjektiv bestimmen können. Reicht es aus zu sagen: "Aber wir sind nicht immer und überall gleich offen und empfänglich dafür."?

2. Übersteigung des Subjekt-Objekt-Dilemmas

Simonis argumentiert scharf und überzeugend gegen ein Verständnis von Realpräsenz, das das Mehr rein objektiv, d.h. bezogen auf die Objekte Brot und Wein, bestimmt. Die Gefahr des magischen Verständnisses ist bei der "objektiven" Interpretation der Realpräsenz gegeben. Wenn aber das Mehr rein subjektiv, d.h. bezogen auf das Subjekt "Gläubige", bestimmt wird, ist dann ein Sakrament nicht ein eher kraftloses Zeichen? Können wir nun nur noch zwischen subjektiven und objektiven Straßengraben wählen? Sind wir im Subjekt-Objekt-Dilemma verstrickt und können nur noch zwischen Skylla und Charybdis uns entscheiden?

---

[179] ebd. S. 332.

[180] Hans Joachim Sander: nicht ausweichen. Die prekäre Lage der Kirche, Würzburg 2002, S. 86.

Wir müssen uns auf die Suche nach einem Jenseits des Subjekt-Objekt-Dilemmas machen. Wegweisend kann dafür ein Ausschnitt aus Prousts "Auf der Suche nach der verlorenen Zeit" sein. Der Ich-Erzähler hat seine Kindheit in Combray verbracht. Jahre später, als er schon erwachsen ist, wird er durch ein Ereignis, durch ein Zeichen zu einer Erinnerungserfahrung geführt. Dieser Ausschnitt spielt mit der Differenz zwischen Subjekt und Objekt und schafft gleichzeitig den Sprung, diese Differenz zu übersteigen.

"Viele Jahre lang hatte von Combray außer dem, was der Schauplatz und das Drama meines Zubettgehens war, nichts für mich existiert, als meine Mutter an einem Wintertage, an dem ich durchfroren nach Hause kam, mir vorschlug, ich solle entgegen meiner Gewohnheit eine Tasse Tee zu mir nehmen. Ich lehnte erst ab, besann mich dann aber, ich weiß nicht warum, eines anderen. Sie ließ darauf eines jener dicken ovalen Sandtörtchen holen, die man Madeleine nennt und die aussehen, als habe man als Form dafür die gefächerte Schale einer St.- Jakobs-Muschel benutzt. Gleich darauf führte ich, bedrückt durch den trüben Tag und die Aussicht auf den traurigen folgenden, einen Löffel Tee mit dem aufgeweichten kleinen Stück Madeleine darin an die Lippen. In der Sekunde nun, als dieser mit dem Kuchengeschmack gemischte Schluck Tee meinen Gaumen berührte, zuckte ich zusammen und war wie gebannt durch etwas Ungewöhnliches, das sich in mir vollzog. Ein unerhörtes Glücksgefühl, das ganz für sich allein bestand und dessen Grund mir unbekannt blieb, hatte mich durchströmt. Mit einem Schlage waren mir die Wechselfälle des Lebens gleichgültig, seine Katastrophen zu harmlosen Mißgeschicken, seine Kürze zu einem bloßen Trug unsrer Sinne geworden; es vollzog sich damit in mir, was sonst die Liebe vermag, gleichzeitig aber fühlte ich mich von einer köstlichen Substanz erfüllt: oder diese Substanz war vielmehr nicht in mir, sondern ich war sie selbst. [Spiel mit der Differenz Subjekt-Objekt] Ich hatte aufgehört, mich mittelmäßig, zufallsbedingt, sterblich zu fühlen. Woher strömte diese mächtige Freude mir zu? Ich fühlte, dass sie mit dem Geschmack des Tees und des Kuchens in Verbindung stand, aber darüber hinausging und von ganz anderer Wesensart war. [Der Grund der Freude hat etwas mit dem Objekt zu tun und übersteigt dieses trotzdem.] Woher kam sie mir? Was bedeutete sie? Wo konnte ich sie fassen? Ich trinke einen zweiten Schluck und finde nichts anderes darin als im ersten, dann einen dritten, der mir sogar etwas weniger davon schenkt als der vorige. Ich muss aufhören, denn die geheime Kraft des Trankes scheint nachzulassen. Es ist ganz offenbar, dass die Wahrheit, die ich suche, nicht in ihm ist, sondern in mir. [Wechsel vom Objekt zum Subjekt] Er hat sie dort geweckt, aber er kennt sie nicht und kann nur auf unbestimmte Zeit und mit schon schwindender Stärke seine Aussage wiederholen, die ich gleichwohl nicht zu deuten weiß und die ich wenigstens wieder von neuem aus ihm herausfragen und unverfälscht zu meiner Verfügung haben möchte, um entscheidende Erleuchtung daraus zu schöpfen. Ich setze die Tasse nieder und wende mich meinem Geiste zu. Er muss die Wahrheit finden. Doch wie? Eine schwere Ungewißheit tritt ein, so oft der Geist sich überfordert fühlt, wenn er, der Forscher, zugleich die dunkle Landschaft ist, in der er suchen soll und wo das ganze Gepäck, das er mitschleppt, keinen Wert für ihn hat. Suchen? Nicht nur das: Schaffen. Er steht vor einem Etwas, das noch nicht ist, und das doch nur er in seiner Wirklichkeit erfassen und dann in sein eigenes Licht rücken kann.

Wieder frage ich mich, was das für ein unbekannter Zustand sein mag, der keinen logischen Beweis, wohl aber den Augenschein eines Glückes mit sich führte, einer Wirklichkeit, der gegenüber alle andern verblassen. Ich will versuchen, ihn von neuem herbeizuführen. Ich durchlaufe rückwärts im Geiste den Weg bis zu dem Moment, wo ich den ersten Löffel voll Tee an den Mund geführt habe. Ich finde den gleichen Zustand wieder, doch von keinem neuen Licht erhellt. Ich verlange von meinem Geist das Bemühen, die fliehende Empfindung noch einmal wieder heraufzubeschwören. Und damit sein Schwung sich an keinem Hindernis brechen kann, räume ich alles hinweg, jeden fremden Gedanken, ich schirme mein Gehör und meine Aufmerksamkeit gegen alle Geräusche des Nebenzimmers ab. Dann aber, da ich fühle, wie mein Geist sich erfolglos abmattet, zwinge ich ihn umgekehrt zu jener Zerstreuung, die ich ihm vorenthalten wollte, lasse ihn an anderes denken und sich gleichsam erholen, bevor er noch einnal den Anlauf unternimmt. Dann schaffe ich ein zweites Mal völlige Leere um ihn, ich stelle ihm den noch ganz frischen Geschmack jenes ersten Schlucks gegenüber und spüre, wie etwas in mir sich zitternd regt und verschiebt, wie es sich zu erheben versucht, wie es in großer Tiefe den Anker gelichtet hat; ich weiß nicht, was es ist, doch langsam steigt es in mir empor; ich spüre dabei den Widerstand und höre das Rauschen und Raunen der durchmessenen Räume.

Sicherlich muss das, was so in meinem Inneren in Bewegung geraten ist, das Bild, die visuelle Erinnerung sein, die zu diesem Geschmack gehört und die nun versucht, mit jenem bis zu mir zu gelangen. Aber sie müht sich in zu großer Ferne und nur allzu schwach erkennbar ab; [...] Wird sie bis an die Oberfläche meines Bewusstseins gelangen, diese Erinnerung, jener Augenblick von einst, der, angezogen durch einen ihm gleichen Augenblick, von so weit her gekommen ist, um alles in mir zu wecken, in Bewegung zu

bringen und wieder heraufzuführen? Ich weiß es nicht. Jetzt fühle ich nichts mehr, er ist zum Stillstand gekommen, vielleicht in die Tiefe geglitten; [...]
Und dann mit einem Male war die Erinnerung da. Der Geschmack war der jener Madeleine, die mir am Sonntagmorgen in Combray (weil ich an diesem Tage vor dem Hochamt nicht aus dem Hause ging) sobald ich ihr in ihrem Zimmer guten Morgen sagte, meine Tante Leonie anbot, nachdem sie sie in ihren schwarzen oder Lindenblütentee getaucht hatte. [...] Aber wenn von einer früheren Vergangenheit nichts existiert nach dem Ableben der Personen, dem Untergang der Dinge, so werden allein, zerbrechlicher aber lebendiger, immateriell und doch haltbar, beständig und treu Geruch und Geschmack noch lange wie irrende Seelen ihr Leben weiterführen, sich erinnern, warten, hoffen, auf den Trümmern alles übrigen und in einem beinahe unwirklich winzigen Tröpfchen das unermeßliche Gebäude der Erinnerung unfehlbar in sich tragen. [...] Und wie in den Spielen, bei denen die Japaner in eine mit Wasser gefüllte Porzellanschale kleine, zunächst ganz unscheinbare Papierstückchen werfen, die, sobald sie sich vollgesogen haben, auseinandergehen, sich winden, Farbe annehmen und deutliche Einzelheiten aufweisen, zu Blumen, Häusern, zusammenhängenden und erkennbaren Figuren werden, ebenso stiegen jetzt alle Blumen unseres Gartens und die aus dem Park von Monsieur; Swann, die Seerosen auf der Vivonne, die Leutchen aus dem Dorfe und ihre kleinen Häuser und die Kirche und ganz Combray und seine Umgebung, alles deutlich und greifbar, die Stadt und die Gärten auf aus meiner Tasse Tee."[181]
Versuchen wir die einzelnen Elemente dieses Ereignisses auseinander zu nehmen: Einmal gibt es das Objekt "Madeleine", das als Zeichen für etwas fungiert. Der Ich-Erzähler, das Subjekt, hat die Aufgabe zu entziffern und zu interpretieren. Das Erste, was er wahrnimmt, ist eine mächtige Freude, deren Grund er vorerst nicht erkennen und erfassen kann. Die Wahrheit, die dieser Freude zu Grunde liegt, steht zwar mit dem Objekt in Verbindung, geht aber über jenes hinaus und ist von ganz anderer Wesensart; gleichzeitig entdeckt der Ich-Erzähler diese Wahrheit in sich selbst, er kann sie aber nicht durch die Anstrengungen seines Geistes selbst hervorbringen. Er muss das sich aktive Mühen aufgeben - und dann auf einmal ist die Erinnerung an Combray da. Proust hat hier auf beeindruckende Weise die Struktur eines Zeichens und den Prozess der Entfaltung eines Zeichens beschrieben. [182]

---

[181] Marcel Proust: Auf der Suche nach der verlorenen Zeit, Bd. 1, Frankfurt 2000, S. 63 -67.
[182] Deleuze betont in seiner Interpretation "Proust und die Zeichen", dass die Erinnerung nicht die Abbildung der vergangenen Gegenwart sondern das Combray in seinem Wesen, in seiner Vergangenheit an sich hervorbringt. Vgl. Deleuze: Proust und die Zeichen, Berlin 1993.

Für uns wichtig festzuhalten ist, dass das Bezeichnete ein Ereignis, eine Erinnerung, eine tiefere Wirklichkeit, ein Sinngehalt sein kann und dass das Bezeichnete einerseits einen jeweils spezifischen Bezug zum Subjekt und zum Objekt vorweist und andererseits beide überschreitet. Diese Überschreitung bewirkt aber, dass die Mauer zwischen Objekt und Subjekt zerfällt und beide Pole in eine Wechselbeziehung zueinander treten über das Dritte, das beide übersteigt und wesentlich beeinflusst.

Wie können wir diese Gedanken für unser Problem der Realpräsenz fruchtbar machen?

Boff sieht das Wesentliche der Sakramente in seiner Sakramentenlehre in der "persönliche Begegnung mit dem Herrn"[183] Der Begriff "Begegnung" ist für unsere Frage äußerst fruchtbar. Denn er spricht das "Zwischen", die Relationen an. Außerdem enthält der Begriff etwas Dynamisches und Prozesshaftes. Das Subjekt (die Gläubigen) wird in einen Prozess hinein genommen (die Liturgie der Eucharistiefeier). Innerhalb dieses Prozesses ergibt sich der Raum, in dem das Subjekt mit Hilfe des Objektes (Brot und Wein) in die Begegnung mit dem Bezeichneten (Christus) eintreten kann. Das Mehr ist die Begegnung! Bestimmen wir so das Mehr, so verfallen wir in keinen der beiden Straßengräben: das Sakrament wird nicht objektivistisch (möglicherweise magisch) missverstanden und ist trotzdem nicht in der Gefahr, rein subjektiv und letztlich als Einbildung, als nur Zeichen ("kraftlos") zu erscheinen.

Kommen wir noch einmal zu den drei Variationen zurück. Sowohl Mose wie auch Ignatius erleben eine Gottes-Begegnung; der eine am brennenden Dornbusch, der andere in der Eucharistiefeier. Das Ereignis der Begegnung macht beide offen bzw. offener für die Gegenwart Gottes. Auch wenn diese Gegenwart Gottes von ihm her gesehen überall konstant ist, so geschieht nicht überall eine Gottesbegegnung. Aber gerade diese intensiven Ereignisse der Begegnung mit Gott haben z.B. Ignatius dazu geführt, immer mehr Gott in allen Dingen zu sehen. Ist das Entscheidende die Begegnung, die zwischen Gott und dem Gläubigen stattfindet, dann ist auch verständlich, dass Gertrud von Helfta und ihre Gemeinschaft sich eine geistige Kommunion mit Christus nicht subjektiv eingebildet haben, sondern dass sie eine Begegnung mit Christus erfuhren, ohne das äußere Zeichen zu "benötigen".

---

[183] Leonardo Boff: Kleine Sakramentenlehre, Düsseldorf 1991, S. 112.

Postludium: eine Begegnung ist ein Ereignis

Aber welche Seinsqualität hat eine Begegnung? Diese Frage rührt an das grundsätzliche Verständnis von Wirklichkeit. Die verschiedensten Philosophen haben darauf kontrovers geantwortet. Dass die Begegnung das Mehr sein soll, kann nur dann eine befriedigende Lösung sein, wenn das zugrunde liegende Realitätsverständnis Relationen und Ereignissen eine eigene Qualität zuspricht. Das ist bei einer Philosophie eines Descartes oder eines Aristoteles nicht gegeben. Dagegen haben die Stoiker Ereignisse von Körpern und Dingzuständen unterschieden. Das Ereignis insistiert in den Dingzuständen, vermischt sich aber nicht mit seiner raum-zeitlichen Verwirklichung.[184] Und Whitehead hat den Relationen in seinem philosophischen System grundsätzliche und fundamentale Bedeutung zugeschrieben.

Wenn aber die Begegnung mit Christus in den objektiven Zeichen und Ritualen (die Liturgie und die Gaben von Brot und Wein) insistiert, aber sich nicht mit diesen vermischt, dann wird einsichtig, dass eine geistige Kommunion wie bei Gertrud von Helfta und ihren Schwestern möglich ist.

Eine Begegnung, ein Ereignis hat etwas Flüchtiges. Soll es "lokalisiert" oder "festgehalten" werden, verschwindet die Eigenheit dieses "Sein im Zwischen", es aktualisiert bzw. materialisiert sich und wird entweder dem Objekt oder dem Subjekt zugesprochen. Das ist ein notwendiger Vorgang, den wir in aller Deutlichkeit an der praktischen Beantwortung der Frage, ob nach dem Gottesdienst das Brot noch Leib Christi ist oder nicht, ablesen können. Die katholische Lehre hat das Sein im Zwischen dem Objekt zugesprochen, die evangelische Lehre dem Subjekt. In den katholischen Kirchen wird der Leib Christi im Tabernakel aufbewahrt. Für die evangelischen Christen ist der Glaube des Subjekts im Vollzug des Rituals das, was die Realpräsenz offensichtlich macht. Deswegen bewahren sie kein Brot als Leib Christi nach dem Gottesdienst auf. Mir ist es wichtig zu betonen, dass ausgehend von unserer philosophischen Analyse es notwendig ist, dass sich hier zwei unterschiedliche Praktiken und Verständnisse ergeben.

---

[184] Vgl. Deleuze: Logik des Sinns, Frankfurt 1993, S. 41.

Parrhesia

Ein immer noch aktuelles Thema: Parrhesia

Parrhesia ist die Tugend „alles zu sagen“, „freimütig zu reden“. Auch wenn das Wort selbst griechisch ist und im allgemeinen unbekannt ist, haben heutige Menschen für die „Sache“ Parrhesia eine Empfindsamkeit. Ein Beispiel dafür ist der öffentliche Brief des Bischofs von Innsbruck Stecher zur Laieninstruktion und die Reaktion darauf.

„Da ich mir einmal vorgenommen habe, kirchenkritisch notwendige Dinge nicht als mutiger Pensionist, sondern im Amt zu sagen, komme ich nicht daran vorbei, zu diesem Dekret einige Gedanken zu äußern, bevor ich den Stab weitergebe.“

Der erste Satz des Briefes will das Folgende als einen parrhesiastischen Akt verstehen:

Die Gedanken, die Bischof Stecher äußert, verstehen sich als eine kritische Auseinandersetzung mit seinem „Vorgesetzten“, dem Papst, der höchste, volle und universale Gewalt in der Kirche hat (Can. 331). Es gibt keinen äußeren Zwang, dies auszusprechen. Stecher tut dies aus eigenem

Antrieb. Er redet offen. Es sind seine Gedanken. Er steht hinter dem, was er sagt. Er hält die Aussagen für wahr. Und er behauptet, mutig zu sein, weil er dies nicht als Pensionist sagt, sondern als ordentlicher Bischof von Innsbruck.

Im Gespräch mit verschiedenen Menschen merkte ich, dass genau dieser Mut angezweifelt wurde. Warum sagt er das *kurz vor* seiner Pensionierung? Riskiert er in diesem Moment überhaupt etwas? Warum hat er früher nicht so deutliche Worte gesagt? Diese Fragen zeigen auch in der heutigen Zeit eine Sensibilität für die Parrhesiatugend.[185]

Denn zur Parrhesia gehört der Mut zur Kritik, die auch Gefahren auf sich nimmt: Popularitätsverlust, Ansehensverlust, Amtsverlust bis zur Todesgefahr in extremen Fällen.

---

[185] Ich will nicht die Richtigkeit dieser Vermutungen diskutieren. Ich will nur auf die vorhandene Sensibilität hinweisen.

Die Bedeutung von Parrhesia

Parrhesia besteht aus *pan*, alles, und *rhema*, das Gesagte. Es bedeutet: Alles sagen, Freimütigkeit, Aufrichtigkeit, die Wahrheit sprechen, „free speech" im Englischen. Michel Foucault hat 1983 in seinen Berkeley Vorlesungen diesen Begriff näher untersucht hinsichtlich Bedeutung, Funktion und damit verbundenen Problemfeldern in verschiedenen gesellschaftlichen Kontexten.

Foucault beschreibt Parrhesia durch sechs Punkte:

1. Eine parrhesiastische Rede geschieht mit *Offenheit*. Sie ist keine Überredung oder verschleiernde Rhetorik.
2. *„Ich bin der, der dies denkt."* Das Subjekt, das spricht, ist auch das Subjekt, das diese Meinung hat. Der Sprechende redet nicht über die Meinung anderer.
3. Der Redner spricht *wahr* - Wahrheit anstelle von Falschheit oder Schweigen. (Bei den Griechen wird der Wahrheitsbesitz verbürgt durch die moralische Qualität des Sprechenden.)
4. Der Redner zeigt *Mut* zur Kritik (Kritik an anderen oder Selbstkritik); er nimmt Gefahren in Kauf.
5. Parrhesia ist *Kritik* a) an einem Souverän, König, Alleinherrscher, oder b) bei einer Bürgerversammlung in einer Demokratie, oder c) an einem Freund.
6. Kein äußerer Zwang sondern aus Freiheit und *moralischer Pflicht* heraus spricht der Redner.[186]

Parrhesia in der Antike nach Michel Foucault

Im politischen Bereich hat Parrhesia in der Antike eine unterschiedliche Ausformung je nach Regierungsform. Wenn es einen Alleinherrscher, König o. ä. gibt, dann übernehmen die Berater des Souveräns die parrhesiastische Rolle. Der Herrscher erweist sich als Tyrann, wenn er einen guten Ratschlag mißachtet oder sogar den Berater dafür bestraft.[187]

In der Demokratie gibt es andere Probleme mit der Parrhesia. Da jeder in der Demokratie gleich vor dem Gesetz ist, kann jeder frei seine Meinung äußern. Dann aber dürfen auch die schlechtesten Bürger sprechen, die durch ihre gefährlichen Reden die Demokratie in eine

---

[186] Vgl. Foucault, M.: Diskurs und Wahrheit. Berkeley-Vorlesungen 1983, Berlin 1996, S.10-19.

[187] Vgl. Foucault, M.: Diskurs und Wahrheit. Berkeley-Vorlesungen 1983, Berlin 1996, S.22.

Tyrannei überführen oder sonstiges Unheil anrichten könnten.[188] Parrhesia ist somit Grundlage der Demokratie als auch Gefahr für sie. Diese überlegung kennen wir von Isokrates, der aus der aristokratischen Schicht stammt, die in ihrer ablehnenden Haltung gegenüber der Demokratie davon ausgeht, dass das gemeine Volk, das zahlenmäßig überlegen ist, Entscheidungen herbeiführt, die für sie speziell aber nicht für die ganze „polis" gut sind.[189] Für diese Kritiker gibt es keine positive, echte Parrhesia in der Demokratie. Denn der ehrliche Redner wird die besten Interessen der Stadt vertreten, die aber nach Isokrates nicht identisch sind mit dem Volkswillen. Der Schmeichler, der schlechte Redner wird dem Volkswillen folgen.[190]

Sokrates hat in neuer Weise den Begriff der Parrhesia problematisiert und mit dem Begriff „bios" in Beziehung gebracht. Sokrates stellt Fragen - das ist seine Form der Parrhesia. Er deckt z. B. die Unwissenheit seines Gesprächspartners auf, die vorher unausgesprochen und versteckt war. Er schuf damit ein neues parrhesiastisches Spiel, das im Gespräch zwischen zwei geschieht. Sokrates' Fragen ergründen außerdem, welche Art Beziehung zwischen dem logos und dem bios beim Befragten vorzufinden ist: Fallen Rede und Lebensstil des Betreffenden auseinander, oder passen sie harmonisch zusammen?[191] Wie Laches, Sokrates' Gesprächspartner in dem gleichnamigen Dialog von Platon, treffend feststellt, kann Sokrates diese Prüferrolle erfüllen, weil er selbst eine Harmonie zwischen logos und bios darstellt. Es gibt bei Sokrates keine Diskrepanz zwischen dem, was er sagt, und dem, was er tut.[192] Das unterscheidet Sokrates von den Sophisten.

„Im Bereich der politischen Institutionen enthielt die Problematisierung von *parrhesia* ein Spiel zwischen *logos*, Wahrheit und *nomos* (Gesetz); und der *parrhesiastes* wurde gebraucht, um jene Wahrheiten zu offenbaren, die Heil oder Wohlstand gewähren. [...] Und nun nimmt die Problematisierung der *parrhesia* mit Sokrates die Form an eines Spiels zwischen {\it *logos*, Wahrheit und *bios* (Leben) im Bereich einer Lehrbeziehung zwischen zwei Menschen [...] [um] zu prüfen, wie sich die Existenz des anderen auf Wahrheit bezieht."[193]

---

[188] Vgl. Foucault, M.: Diskurs und Wahrheit. Berkeley-Vorlesungen 1983, Berlin 1996, S.79.
[189] Vgl. Foucault, M.: Diskurs und Wahrheit. Berkeley-Vorlesungen 1983, Berlin 1996, S.81.
[190] Vgl. Foucault, M.: Diskurs und Wahrheit. Berkeley-Vorlesungen 1983, Berlin 1996, S.84f.
[191] Vgl. Foucault, M.: Diskurs und Wahrheit. Berkeley-Vorlesungen 1983, Berlin 1996, S.97f.
[192] Vgl. Foucault, M.: Diskurs und Wahrheit. Berkeley-Vorlesungen 1983, Berlin 1996, S.101.
[193] Foucault, M.: Diskurs und Wahrheit. Berkeley-Vorlesungen 1983, Berlin 1996, S.103f.

Der antiochenische Zwischenfall: Paulus gebraucht Parrhesia gegenüber Petrus

Das Wort „Parrhesia“ und seine Derivate werden im NT nur für die Beziehung eines Christen zu Nichtchristen gebraucht, oder im Johannesevangelium für das Wort Jesu, das in der ihn nicht annehmenden Öffentlichkeit ausgesprochen wird.[194]

In Gal 2,11.14 steht nicht das Wort Parrhesia. Um belegen zu können, dass der antiochenische Zwischenfall eine Parrhesiasituation ist, obwohl Paulus nicht das Wort Parrhesia dafür gebraucht, müssen die obigen sechs Punkte auf Paulus' Rede gegen Petrus passen:

Paulus heuchelt nicht. Er empfindet Petri Verhalten dagegen als inkonsequent, heuchlerisch, weil er erst mitisst und dann nicht mehr. Paulus versteckt sich nicht vor anderen. Er redet offen (1.). Paulus zitiert nicht jemand, sondern sagt, was er denkt (2.). Er ist nicht einer anderen menschlichen Autorität untergeordnet, wenn er das sagt. (Vgl. Gal 1,10) Paulus spricht die Wahrheit (3.). Dagegen mißachten andere „die Wahrheit des Evangeliums“ Gal 2,14. Paulus hat Mut (4.). Er tritt Kephas offen entgegen (Gal 2,11). Er kritisiert eine der Säulen (Vgl. Gal 2,9) (5.). Auch wenn er als Apostel Christi nicht direkt von den Jerusalemer Größen abhängig ist, so steht doch das gute Einvernehmen nach dem Treffen in Jerusalem auf dem Spiel. Paulus handelte aus innerer Überzeugung, das Evangelium zu verteidigen, nicht aus äußerem Zwang (6.).

Der antiochenische Zwischenfall ist eine Parrhesiasituation *zwischen* zwei Christen. Wenn wir diese Stelle normativ lesen, dann ergibt sich: Es muss in der Kirche die Möglichkeit geben, dass jemand um der Wahrheit des Evangeliums willen Parrhesia spricht, auch gegenüber einer Person mit einem höherem Amt.

Rahner: Das freie Wort

Rahner versteht in seinem Artikel „Parrhesia. Von der Apostelstugend des Christen“[195] den Begriff ebenso wie das NT als Tugend, die in der ablehnenden Finsternis der Welt den Mut hat, das Licht des Glaubens in Worte zu fassen. Ein entscheidender Punkt des Artikels ist,

---

[194] Relativ häufig erscheint Parrhesia im Johannesevangelium (Joh 7,4.13.26; 10,24; 11,14.54; 16,25.29; 18,20) und in der Apostelgschichte (Apg 2,29; 4,13.29.31; 29,31), das Verb parrhesiazomai besonders in der Apostelgeschichte (Apg 9,27f; 13,46; 14,3; 18,26; 19,8; 26,26).

[195] Rahner, K.: Parrhesia. Von der Apostelstugend des Christen, in: Schriften Bd.7, Zürich Köln, S.252-258.

dass Rahner auch den Laien die Aufgabe der Parrhesia zuschreibt. Wo der Laie „der Parrhesia ausweichen wollte, indem er schweigt, gar nicht versuchte, von Gott zu reden (weil dies ja die Pfarrer genügend tun und sogar dafür bezahlt werden), da würde auch er seine Sendung verletzen".[196]

Parrhesia *in* der Kirche nennt Rahner in einem anderen Artikel „Das freie Wort in der Kirche".[197] Rahner beginnt mit der Frage, ob es eine öffentliche Meinung in der Kirche geben kann und darf. Er antwortet, dass es immer schon eine öffentliche Meinung gab in der Kirche und dass es sie geben muss.[198]

Zuerst eine Definition: öffentliche Meinung in der Kirche ist die Summe von Äußerungen und Bestrebungen des Kirchenvolkes. Bei ihrer Entstehung und Verbreiterung ist die Hierarchie somit nicht beteiligt.[199] Rahner nimmt die Kundmachungen durch eindeutige Charismen des Hl. Geistes aus dem Begriffsbereich heraus.[200]

Die Funktion der öffentlichen Meinung in der Kirche ist nach Rahner eine wichtige: Die kirchliche Leitung hat gerade durch die öffentliche Meinung die beste Möglichkeit, die reale Situation der Kirche in den verschiedensten Orten und Bereichen wahrnehmen zu können und ebenso situationsgerecht Entscheidungen fällen zu können.[201] Dazu gehört auch, dass Einzelne ihre Ansichten publizistisch in der kirchlichen Allgemeinheit äußern und die Obrigkeit aus der Reaktion der Allgemeinheit feststellen kann, inwieweit diese einzelne Meinung bei vielen Anklang findet.[202] Die öffentliche Meinung in der Kirche ist somit ein wichtiges Korrektiv. Sie kann vermeiden, dass kirchliche Autoritäten an der Situation vorbei, realitätsfern entscheiden.

Rahner fragt dann nach den Grenzen der öffentlichen Meinung. Die Tendenz, zu sehr die Reinheit des Glaubens durch Diskussionsverbot schützen zu wollen, kritisiert er, weil dadurch

---

[196] Rahner, K.: Parrhesia. Von der Apostelstugend des Christen, in: Schriften Bd.7, Zürich Köln, S.257. Dies schrieb Rahner noch vor dem Konzil. Er redet damit vielleicht in seiner Situation selber Parrhesia, aber innerhalb der Kirche, wie Paulus in Gal 2.
[197] Rahner, K.: Das freie Wort in der Kirche, Einsiedeln 1953.
[198] Vgl. Rahner, K.: Das freie Wort in der Kirche, Einsiedeln 1953, S.5-9.
[199] Vgl. Rahner, K.: Das freie Wort in der Kirche, Einsiedeln 1953, S. 11.
[200] Vgl. Rahner, K.: Das freie Wort in der Kirche, Einsiedeln 1953, S.12 „Alle diese Kundmachungen streng übernatürlicher Kräfte, Gaben und Impulse, die der Heilige Geist der Kirche in das Heilige Volk Gottes immer wieder aufs neue inspiriert, werden besser aus dem doch einigermaßen profanen Begriff einer „öffentlichen Meinung" ausgesondert." Zwei Fragen ergeben sich dazu: Ist solche eine Trennung in der Realität streng durchführbar? Ist nicht auch die mutige und wahre(!) Äußerung im Bereich der öffentlichen Meinung ein Akt, der vom Heiligen Geist beseelt ist?
[201] Vgl. Rahner, K.: Das freie Wort in der Kirche, Einsiedeln 1953, S.14.
[202] Vgl. Rahner, K.: Das freie Wort in der Kirche, Einsiedeln 1953, S.16.

die Diskussion in Regionen verlagert wird, „die viel schwerer zu kontrollieren sind.“[203] Er fordert einen Mut unter den Theologen, auch ganz neue Fragen anzugehen. Noch mehr müsste frei über Fragen der Praxis, Organisation, Liturgieformen gesprochen werden.[204] Gleichzeitig gibt es für den Redenden eine Frage der Taktik: Wie sage ich was an welchem Ort, damit die Chancen einer positiven Veränderung voll ausgenützt werden?[205] Und in der Kirche fehlt es an einer „Erziehung“ ihrer Mitglieder „zu einem richtigen Gebrauch der öffentlichen Meinung“. Zu oft wurde schweigender Gehorsam gepredigt. Es muss gelernt werden, dass es eine Pflicht zum kritischen Wort gibt in der Kirche, wenn dies ehrfurchtsvoll und im Bereich des Erlaubten geschieht (vgl. auch CIC can. 212 §2,3). Rahner betont aber, dass es keine *formale Regel* geben kann, wann ein freies Wort ausgesprochen werden müsse.[206] Einen weiteren Rat gibt Rahner: Da die Spannung zwischen öffentlicher Meinung und Meinung der Hierarchie immer mehr oder weniger bleiben wird, muss der Kritiker aufpassen, dass er nicht am jetzigen realen Zustand der Kirche verzweifle.[207]

Zum Schluß stellt Rahner fest, „dass es heute kaum rechtlich gesicherte Weisen des Funktionierens einer solchen öffentlichen Meinung in der Kirche gibt.“[208] Das hat sich nach dem Konzil mit Pfarrgemeinderäten und Diözesanräten geändert. Es ist zu hoffen, dass dort auch frei gesprochen wird.

Rahners Artikel ist ein Plädoyer für das „Christenrecht“, die Freiheit, seine Meinung zu sagen. Das war gefürchtet von vielen in der Kirche. Die Äußerung des Kardinals Ruffini in der Konzilsaula am 16.10.1963 belegt dies: „Der Text billigt den Laien das Recht und manchmal die Pflicht zu, das, was sie denken, in der Kirche zu sagen. Wenn das in dieser Form im Text erhalten bleibt, ist zu fürchten, dass die Aufgabe der Bischöfe und der Priester sehr viel schwieriger wird.“[209]

---

[203] Rahner, K.: Das freie Wort in der Kirche, Einsiedeln 1953, S.19.
[204] Vgl. Rahner, K.: Das freie Wort in der Kirche, Einsiedeln 1953, S.19.22.
[205] Vgl. Rahner, K.: Das freie Wort in der Kirche, Einsiedeln 1953, S.21.
[206] Vgl. Rahner, K.: Das freie Wort in der Kirche, Einsiedeln 1953, S.25f.
[207] Vgl. Rahner, K.: Das freie Wort in der Kirche, Einsiedeln 1953, S.30.
[208] Rahner, K.: Das freie Wort in der Kirche, Einsiedeln 1953, S.35.
[209] Vgl. Hampe, J. C. (Hg.): Die Autorität der Freiheit. Gegenwart des Konzils und Zukunft der Kirche im ökumenischen Disput, Bd.II, München 1967, S.26.

Parrhesia in der Kirche

Was für Konsequenzen und Anfragen an die heutige Situation ergibt sich aus dem Vorherigen? Einige Aspekte möchte ich beleuchten:

1) Parrhesia bei Sokrates zielt auf das Verhältnis von Wort und Tat, Denken und Leben. Diese Polarität gibt es auch in der Kirche, in der Theologie. Sie wurde im II. Vatikanum neu bestimmt. Dei Verbum bezeichnet Offenbarung als ein Geschehen von Wort und Tat, wobei beide Seiten sich gegenseitig erhellen und ergänzen. Nach Sokrates geschieht die Verbindung von Wort und Tat in der Parrhesia: Dort redet einer frei und bringt sein Denken über sich und sein tatsächliches Leben in Beziehung. Nehmen wir als Beispiel die Predigt: Die Zuhörer fragen sich, ob das, was der Prediger sagt, auch selber glaubt und in seinem Leben versucht zu verwirklichen. Das ist das oberste Kriterium an einen Prediger. Gleiches gilt für das Verhältnis von Dogmatik und Pastoral. Nach „Gadium et Spes" gibt es keine Einbahnstraße von der Dogmatik zur Pastoral, sondern die Pastoral hat immer eine dogmatische Bedeutung.[210]

2) Die Kirche hat den Papst als oberste Gewalt, die er auch mit dem Bischofskollegium gemeinsam ausüben kann, an der Spitze. Die Kirche ist hierarchisch aufgebaut. Die Berater des Papstes sind seine Mitarbeiter in der Kurie, die Bischöfe usw. Sie können direkt und unter Ausschluß der Öffentlichkeit mit ihm reden.[211]

Neben dieser Art der Parrhesia besteht in der Kirche die öffentliche Parrhesia, die Rahner als freies Wort und öffentliche Meinung bezeichnete. Theologen in ihren Werken, Laien in Pfarrgemeinderäten und Diözesanräten und an vielen andern Orten melden sich als Christen zu Wort und sprechen Parrhesia. Diese Reden sind öffentlich. Sie verbreitern sich in einer Gesellschaft, in der die Kirche ein Teilbereich ist. Von „unkirchlichen" Medien werden sie aufgegriffen. Eine durchaus interne Kritik kann somit als eine Kritik von außen erscheinen. Die Übergänge sind fließend.

Was ist daraus zu schließen? In der Kirche gibt es eine Spannung zwischen zwei Formen der Parrhesia. Eine Hierarchie hat mit einer öffentlichen Parrhesia immer Schwierigkeiten. Nach

---

[210] Vgl. Klinger, E.: Das Aggiornamento der Pastoralkonstitution, in: Kaufmann, Zingerle (Hgg): Vatikanum II und Modernisierung, Paderborn 1996, S. 173.

[211] Manchmal auch das nicht: „Zu Pius XII. sagte einmal ein sehr hoher deutscher Prälat [...]: "Heiliger Vater, wenn ich Ihnen einen Rat geben darf ..." Der Papst fiel ihm ins Wort: „Wie, Sie wollen mir einen Rat geben?", stand auf und verließ den Raum." Haag, H.: Das freie Wort in der Kirche, in: Ein Traum von Kirche, Freiburg 1998, S.77.

dem II. Vatikanum ist die Hierarchie eingeordnet in das Volk Gottes. Vom Volk Gottes her bekommt sie Legitimität. Wenn aber das Volk Gottes aus von Gott direkt Berufenen und Erwählten besteht, so zeigt sich dies in der öffentlichen Parrhesia ebenso wie in der Parrhesia des Beraters.

Das freie Wort in der Kirche, die Feststellung des Ist-Zustandes und die Fragen des Einzelnen in der Öffentlichkeit auszusprechen ist eine Handlung im Kontext der Berufung aller Getauften. Denn das, was gerade ist, hat theologischen Wert, und ist, wenn es ehrlich ausgesprochen wird, schon prophetische Rede. Ebenso ist vom Volk Gottes-Begriff her die antike Kritik an der demokratischen Parrhesia zurückzuweisen: Im Volk Gottes gibt es keine Ständeunterschiede, die erklären könnten, dass einige wenige besser wüssten, was für die Kirche gut und richtig ist.

3) Es gilt zwei Ebenen zu trennen: a) Prinzipiell ist es im Volk Gottes jedem möglich, Parrhesia wahrhaftig zu reden. Ein „Stand“k ann nicht prinzipiell mehr an parrhesiastischer Rede behaupten für sich als ein anderer, noch weniger für sich alleine beanspruchen. b) Eine andere Ebene ist die Frage nach den Kriterien im Konkreten: Wie kann man einen parrhesiastischen Redner erkennen?

Die folgenden Kriterien haben etwas Prozesshaft-kreatives an sich und sind nicht als abgeschlossener Kanon zu verstehen.

I) Das erste Kriterium wurde oben schon genannt. Es ist die Übereinstimmung von Wort und Leben. Diese Übereinstimmung wird im Lebensvollzug gestaltet.

II) Das zweite Kriterium betrifft den Mut und die Gefahr: Wenn der „Spiegel“ die Kirche kritisiert, mag das durchaus richtig sein - es ist aber keine Parrhesia. Wenn ein Priester, ein Bischof, ein kirchlicher Angestellter, ein Laie dieselbe Kritik äußert, ist dies Parrhesia. Denn er oder sie geht das Risiko ein, mindestens als Nestbeschmutzer beschimpft zu werden.

III) Für das dritte Kriterium ist erst eine Vorüberlegung nötig: Foucault weist daraufhin, dass für die Griechen die Wahrheit der Aussage erwiesen ist durch den Akt der Parrhesia. Diese Sichtweise haben wir seit der Neuzeit nicht mehr. Jemand kann etwas ganz ehrlich „gut gemeint“ haben, aber es ist trotz freier Rede objektiv falsch.

Die neuzeitliche Sicht ist aber bei Glaubenswahrheiten und Erfahrungen, die das Thema in der Kirche sind, fehl am Platz. Die freie Rede über meine Glaubenserfahrung ist immer Parrhesia und immer wahr, als die Wahrheit des Redners selbst. Es gibt keine objektiven Glaubenswahrheiten unabhängig von persönlichen Glaubenserfahrungen. Trotzdem muss ein weiterer Schritt vollzogen werden: Der Glaube, der sich äußert in der freien Rede, hat ein die eigene Person überschreitendes Moment hin zum Anderen und zur Gruppe bzw. Gemeinschaft. Dieses Moment fordert den Redner auf, die parrhesiastischen Reden der anderen ernst zu nehmen. In der Auseinandersetzung mit dem Anderen wird die eigene Glaubenserfahrung bedeutungsvoll für andere und umgekehrt. Wer kritisiert, muss sich ebenso der Kritik aussetzen können. Die Überschreitung zum Anderen hin und die Gegenseitigkeit ist das dritte Kriterium.

4) Parrhesia geschieht und ist nötig in einem nicht herrschaftsfreien Diskurs. Parrhesia hat ihren Ort immer in Machtstrukturen. Sie ist eine Tugend, die mit anderen Tugenden verbunden ein wesentliches Mittel ist, um in Machtstrukturen jeglicher Art etwas verändern zu können. Zur Parrhesia sollte sich die Klugheit gesellen: Wie schätze ich die Chancen ein? Welche Position habe ich und was erlaubt mir diese Position, was nicht? Ebenso wichtig ist das Wahrnehmen der Beziehungsebene: Wie drücke ich eine Kritik so aus, dass der Andere sie von mir annehmen kann? Ebenso gehört zum guten Stil folgende Regel: Wer die Möglichkeit hat, als Berater Parrhesia zu üben, sollte nicht zur öffentlichen Parrhesia greifen. Die Glaubwürdigkeit einer Person zeigt sich besonders im Wechsel der Positionen: Ist sie fähig, nachdem sie die Rolle des Parrhesiastikers eingenommen hat, in einer anderen Position die Parrhesia anderer anzunehmen?

5) Die Kirche als Ganzes kann Parrhesia in die Welt hinein, d. h. Verkündigung der frohen Botschaft und Dialog mit der Welt, nur dann vollziehen, wenn sie die Parrhesia in ihr selbst, zwischen ihren Mitgliedern fördert, und umgekehrt. Das dritte Kriterium lässt sich doppelt anwenden: Die Überschreitung zum Anderen hin muss die Kirche im Verhältnis zur Welt vollziehen. Gaudium et Spes hat dafür den Begriff „Dialog zwischen Welt und Kirche". Die Überschreitung zum Anderen hin muss aber auch in der Kirche geschehen, denn die andere Meinung, der Pluralismus von Standpunkten gibt es in der Kirche ebenso.

Sowohl die Ausführungen über den antiochenischen Zwischenfall als auch die über Rahner zeigten: Die Parrhesia innerhalb der Kirche ist Bedingung für die Glaubwürdigkeit der Verkündigung gegenüber der Welt. Nur dann wird diese Verkündigung Parrhesia.

Parrhesia ist ein Problem für die Kirche. Die Kirche kann daran gesunden oder erkranken. Viele andere Probleme sind mit diesem verknüpft.

Mitleid und Gelassenheit

1. Ein möglicher Widerspruch

Der hier vorgelegte Gedankengang geht von einem möglichen Widerspruch aus, den ich knapp mit den zwei Worten Mitleid und Gelassenheit benennen möchte. Welche Spannung, welcher Widerspruch könnte sich dahinter verbergen?

1. In der christlichen, spirituellen Tradition wird unter anderem eine innere Haltung angestrebt, die mit Gelassenheit (z.B. Tauler) oder mit Indifferenz (z.B. Ignatius) oder mit Unabhängigkeit von den Ergebnissen (z.B. Jalics) bezeichnet wird.

2. Das Gottesbild hat sich besonders durch verschiedene neuere theologische Ansätze, wie zum Beispiel Moltmann "Der gekreuzigte Gott" oder die Prozesstheologie, im letzten Jahrhundert verändert. Gott ist kein unbewegter Beweger, er liebt nicht ohne Leidenschaft. Das Leid der Welt berührt Gott wesentlich: Gott leidet mit.

Der mögliche Widerspruch zwischen 1. und 2. lässt sich folgendermaßen formulieren: Wird nicht in der spirituellen Tradition des Christentums eine Haltung gefordert, die letztlich der Position eines unbewegten Bewegers ähnlich ist? Karikieren wir einmal: wird nicht letztlich der coole Mann gefordert, der unabhängige kühle Typ, den nichts aus der Fassung bringt und der stoische Ruhe verbreitet? Man kann den Widerspruch auch von der anderen Seite her betrachten: Ein Gott, der mitleidet, ist nicht mehr unabhängig von den Ergebnissen und ist nicht indifferent!

Ich möchte hier einen Ansatz vorstellen, der diesen möglichen Widerspruch als Ergebnis einer falschen Betrachtungsweise entlarvt. Die Lösung wird oberflächlich gesehen als einen Mittelweg zwischen beiden Polen erscheinen. Genauer betrachtet soll die Lösung aber sowohl das Mitleid als auch die Gelassenheit und die Beziehungen beider Begriffe zueinander präzisieren.

2. Ein Gespräch mit einem Suizidgefährdeten

Ausgangspunkt des Ansatzes sei eine Situation: Ein Gespräch mit einem Suizidgefährdeten. Wenn ich als Psychologe oder Seelsorger die Aufgabe habe, mit einem Selbstmordgefährdeten ein Gespräch zu führen, dann hat sich das Spiegeln von Rogers in vielen Fällen bewährt. Das Spiegeln ist letztlich Ausdruck von Mitleid und Gelassenheit! Die Konkretisierung wird das deutlich machen:

Der Suizidgefährdete erzählt mir von seinem Leben. Er schildert es in den dunkelsten Farben. Verzweiflung, Hoffnungslosigkeit kommen zur Sprache. Die ganze Lebensgeschichte wird als einziger Fehlschlag gedeutet.

Ich könnte nun folgende Strategie einschlagen: Durch Einwände versuche ich ihm klar zu machen, dass nicht alles in seinem Leben misslungen war. Vielleicht gab oder gibt es Freunde, die ihn mögen usw. Welche Wirkungen hätte diese Strategie auf den Selbstmordgefährdeten? Höchstwahrscheinlich wird er sich nicht verstanden wissen. "Du kapierst das nicht!" Entweder beendet er dann das Gespräch, weil er nicht verstanden wurde, (und bringt sich dann vielleicht um), oder er muss sein Leben in noch dunkleren Farben darstellen, damit ich als Gesprächspartner endlich verstehe, dass es wirklich so schlimm ist.

Ich könnte aber auch seiner Argumentation folgen und seine Aussagen als wahre Aussagen über die Wirklichkeit an und für sich verstehen. "Wenn das alles so stimmt, und ich glaube dir, dann ist es ja wirklich katastrophal." Dann kann der Selbstmordgefährdete eigentlich nur noch antworten: "Jetzt verstehst du ja, warum ich jetzt springe!"

Wenn ich aber spiegel, dann richte ich meine Aufmerksamkeit darauf, dass er die Wirklichkeit so wahrnimmt, wie er sie mir darstellt: "Dir erscheint dein Leben als völlig misslungen!" Mit dieser Antwort spürt der Suizidgefährdete, dass er verstanden wird und hat gleichzeitig die Chance festzustellen, dass diese Beurteilung seines Lebens seine jetzige momentane Wahrnehmung ist. Aber sowohl Wirklichkeit als auch Wahrnehmung können sich verändern - und meistens ändern sich beide im Wechselspiel miteinander!

Gehen wir die drei Alternativen anhand der zwei Begriffe Mitleid und Gelassenheit noch einmal durch.

In der ersten Strategie möchte ich dem Mitleiden ausweichen. Indem ich die Sichtweise des Selbstmordgefährdeten anzweifle und uminterpretieren will, lasse ich gar nicht sein Leid an mich heran. "Gib mir die Gelassenheit, Dinge hinzunehmen, die ich nicht ändern kann." Mir fehlt also auch die Gelassenheit in der ersten Strategie. Bei der zweiten Antwortmöglichkeit versinke ich in dem Leid des anderen. Das Leid des anderen ergreift mich völlig. Ich bin unfähig, eine Differenz zwischen dem Mitleiden und einem inneren Ruhepunkt in mir selbst zu setzen. Hier fehlt eindeutig die Gelassenheit: sie ist die Haltung, die das Mitleiden nicht zum völligen Verzweifeln werden lässt. Ein gläubiger Christ hat sein Fundament für diese Gelassenheit in dem Vertrauen auf Gott. Wenn die Gelassenheit fehlt, hilft das Mitleiden dem anderen überhaupt nicht! Vielmehr besteht die Gefahr, dass der Selbstmordgefährdete springt und ich ihm kurz danach nachspringe.

Nach diesen "Gedankenspielen" zeigt sich, das Mitleid und Gelassenheit sich nicht widersprechen sondern vielmehr gegenseitig ergänzen und stützen. Mitleid ohne Gelassenheit verkommt zur Verzweiflung. Und Gelassenheit ohne Mitleid ist eigentlich gar nicht denkbar: denn die wahre Gelassenheit nimmt das Leid so an, wie es ist. Die Gelassenheit lässt das Mitleiden zu! Die Pseudo-Gelassenheit ist Abkapselung. Sie ist genau das Gegenteil von wahrer Gelassenheit. Sie möchte eine absolute, losgelöste Position erreichen.

3. Leiden und Gelassenheit in der Meditation

Wir können nun unsere Überlegungen zu einem Gespräch mit einem Selbstmordgefährdeten auf das Verhältnis zu einem selbst anwenden. Genauso, wie mein Verhältnis zu meinen Mitmenschen identisch ist zu meinem Verhältnis zu mir selbst, ist auch der Zusammenhang von Leiden und Gelassenheit im Bezug auf ein Verhältnis zu einem anderen oder im Bezug auf mich selbst identisch. Deutlich wird das besonders in der stillen Meditation.

Im stillen Gebet können dunkle Gefühle auftauchen: Wut, Sorge, Trauer, Ekel, usw. wieder gibt es drei Möglichkeiten, sich zu diesen negativen Gefühlen zu verhalten. Entweder möchte ich sie verändern, oder ich steigere mich in sie hinein, oder ich lasse sie da sein. Im ersten Fall lehne ich die dunklen Gefühle ab, im zweiten Fall setze ich keine Differenz zwischen den Gefühlen und mir selbst. Nur im dritten Fall begehe die Gratwanderung zwischen Verdrängen der dunklen Gefühle und Versinken in den dunklen Gefühle. Nur im dritten Fall geschieht fruchtbares und erlösendes Leiden und wird wahre Gelassenheit als Haltung angenommen. Das Dunkle darf da sein, ich kann es da sein lassen, weil meine Gelassenheit aus einer Ausrichtung auf etwas anderes entsteht: die Gegenwart, das Hier-Jetzt-Dasein, die Gegenwart Jesu Christi.

4. Der mitleidende und gelassene Gott

Die Prozesstheologie unterscheidet drei Naturen Gottes. Die Folgenatur Gottes erfährt alles, was in der Welt passiert und nimmt alles mitleidend und gelassen auf! Für viele Menschen ist diese Vorstellung und dieses Gefühl der Solidarität Gottes wertvoll und tröstend. In einem Interview hat Karl Rahner die Vorstellung von einem mitleidenden Gott angegriffen: "Um aus meinem Dreck und meiner Verzweiflung herauszukommen, nützte es mir doch nichts, wenn es Gott - um es einmal grob zu sagen - genauso dreckig geht." Diese Kritik hätte Recht, wenn Gott nur mitleiden würde, wenn Gott in diesem Leid versinken würde wie der Gesprächspartner mit dem Selbstmordgefährdeten bei der zweiten Antwortmöglichkeit. Wir müssen also fragen, woher der Grund für die Gelassenheit bei Gott kommt. Der Grund liegt in den zwei anderen Naturen Gottes: die Urnatur Gottes und die superjektive Natur Gottes. Jedes Ereignis in der Welt, jedes wirkliches Einzelwesen bekommt von Gott eine anstoßende Zielgebung. Dadurch ist Gott der ununterbrochene Schöpfer der Welt. Für jede Gegenwart und Zukunft kann Gott ausgehend von seinem Mitfühlen Potenziale für eine neue Entwicklung, Möglichkeiten für einen neuen schöpferischen Anfang, der die negativen Konstellationen durch Kontraste überwindet, anbieten. Die Wirkungen dieser schöpferischen Tätigkeit Gottes sind seine superjektive Natur. "Er/Gott ist der Poet der Welt, leitet sie mit zärtlicher Geduld durch seine Vision von der Wahrheit, Schönheit und Güte." (Prozess und Realität, Whitehead) Gottes zärtliche Geduld hat den Mut, die Dinge zu ändern! In dieser zärtlichen Geduld und in der Vision von Wahrheit, Schönheit und Güte liegt der Grund für die Gelassenheit Gottes!

Das Glück des erfüllten Lebens - Himmel und Hölle hier und dort

Die Hölle ist ein heikles Thema! Gibt es sie? Und wenn ja: Wie gefüllt ist sie? Ich weiß es nicht! ... Ich hoffe, dass sie leer ist!
Ich will mit einer Unterscheidung beginnen:

1. Unterscheidung extern verursachte Freude und intern verursachte Freude:

Nehmen wir an, eine Schülerin/ein Schüler lernt für eine Prüfung. Mehrere Stunden sitzt sie/er über Hefte und Büchern. Freude kann sich auf zweierlei Weise in dieser Situation einstellen. Die Person schreibt die Prüfung und bekommt eine gute Note, ein Lob vom Lehrer und von den Eltern. Sie freut sich über die Note und das Lob. Diese Freude wird von außen, durch eine Autorität oder durch eine Bewertung einer Autorität verursacht. Es ist aber auch möglich, dass die Schülerin/der Schüler Freude und Spaß am Lernen empfindet. Beim Lernen entsteht ein Interesse am Stoff, an den Fragen und Problemen des Faches. Das Durchdringen selbst ist Quelle der Freude. Die Freude wird durch das Lernen selbst verursacht. Sie bleibt vielleicht auch bestehen, wenn ein Lob und eine gute Bewertung ausbleibt.

2. Glück und Tugend

Wir können nun diese Unterscheidung auf unseren ganzen Lebensablauf übertragen und kommen somit zu der Erkenntnis von Spinoza: "Daraus ersehen wir klar, wie weit jene von der wahren Schätzung der Tugend entfernt sind, die für Tugend und gute Handlungen wie für sehr schwere Dienstleistungen die höchsten Belohnungen von Gott erwarten; als ob die Tugend und der Dienst Gottes nicht selbst schon das Glück und die höchste Freiheit wären."[212] Für Spinoza ergibt sich aus einem Leben in Tugend "zwangsläufig" Glück. Tugend ist "interne Ursache" für Glück und Freiheit. Wer ein Leben in Tugend als eine unangenehme

---

[212] Spinoza: Ethik, Stuttgart 1976, S. 109.

und anstrengende Angelegenheit ansieht, für die er von der höchsten Autorität "Gott" belohnt werden will (extern verursachte Freude!), der hat nach Spinoza weder das Wesen des Lebens und der Tugend noch das Wesen Gottes verstanden. Wenn aber Gott als die tiefste Ursache des Lebens und immanent gedacht wird, dann zeigt sich gerade in der von der Tugend intern verursachten Freude das Wirken Gottes. Dann drückt sich Gott selbst in dieser Freude aus.

Einschub: werten oder spiegeln

Eltern, Lehrer, Pfarrer, Führungspersönlichkeiten usw. -sie alle stehen in der Gefahr, "großzügig" Lob zu verteilen: "Das habt ihr super gemacht!" In manchen Situationen (nicht in allen wohlgemerkt) hat aber dieser oder ein ähnlicher Satz einen seltsamen Beigeschmack. Erstens unterstreicht er eine hierarchische Struktur. Die Autorität darf loben und bewerten; die anderen werden gelobt und bewertet. Zweitens verdeckt dieser Satz möglicherweise eine intern verursachte Freude. Ja, man macht vielleicht sogar die anderen abhängig von seinem Lob. Es gibt aber noch anderen Reaktions- möglichkeiten. Man kann zum Beispiel den eigenen Eindruck ausdrücken: "Mir hat es sehr gut gefallen, wie ihr zusammengearbeitet hat!" Dann redet die Autorität nämlich über eine Freude, die durch ihre eigene Wahrnehmung verursacht wurde. Die anderen können ebenso über ihre intern verursachten Freuden reden. Eine weitere Möglichkeit ist das Spiegeln. Jemand sagt z.B. "Das war interessant heute!" Und die Leitung antwortet: "Dir hat es gefallen." Die intern verursachte Freude wird direkt angesprochen.

3. Urgrund des erfüllten Lebens: Wahrnehmung des reinen Daseins und der Gottbezogenheit

Die tiefste intern verursachte Freude geschieht durch die Wahrnehmung des reinen Daseins und der Gottbezogenheit. Wenn ich mich darüber freuen kann, dass ich so dasein darf und kann, wie ich bin, dann gibt es logischerweise nichts mehr Externes, was diese Freude mit verursacht. Wenn Gott aber, und davon gehen wir aus, im Innersten unseres Wesens anwesend und zu finden ist, dann ist die Ausrichtung auf Gott eng mit der Wahrnehmung des reinen Daseins verbunden. Gottbezogenheit und Wahrnehmung des Daseins sind dann zwei Seiten der einen Medaille. Besonders gut kann das erfahren werden im stillen Gebet, in der Meditation des Namens Jesus Christus, wie es zum Beispiel Franz Jalics in seinen kontemplativen Exerzitien lehrt. Ich möchte hier zwei Gespräche anführen, die das Gesagte verdeutlichen:

"Dora: Im allgemeinen geht es mir gut, aber heute habe ich nicht mehr gewußt, was ich machen soll. Ich war in der Meditation wie verloren und ohnmächtig. Es ging nichts mehr. Ich konnte auch die Hände überhaupt nicht mehr spüren. Wenn ich dann nicht gleich weiß, wie ich reagieren soll, werde ich sehr unsicher.

EM: Unsicher.

Dora: Ich wußte nicht, wie weitermeditieren. Ich wollte jemanden fragen, konnte es aber im Augenblick nicht. Daraufhin fühlte ich mich verloren.

EM: Komm in solchen Momenten zur Körperwahrnehmung zurück Das bringt dich wieder auf den Boden. Dann bist du da. Du kannst auch darauf achten, dass du da bist. Damit bist du in der Gegenwart.

Dora: Nach einer Zeit habe ich mich mit meinem Zustand mehr angefreundet. Es geht wohl nichts, aber so schlimm ist es auch nicht, sagte ich mir. Im selben Augenblick habe ich meine Hände wieder wahrgenommen.

EM: Das ist richtig. »Es geht nichts, aber ich bin da.« Wenn du in diesem Augenblick auf die Gegenwart, auf dich schaust, dann bist du wieder bei dir, bei deiner Realität. Von der Wahrnehmung des »Ich bin« oder »Ich bin da« kommt Sicherheit. Dann ist man nicht mehr verloren. Dann ist man da. Von der Wahrnehmung des Seins kommen Sicherheit und Geborgenheit. Wir suchen äußere Sicherheiten. Diese verleihen nur augenblickliche Erleichterungen. Wenn sie aufhören, kommt die Unsicherheit wieder zurück. Die wahre Gewißheit liegt im Sein. Es kann nicht weggenommen werden. Von ihm aus kann man mit sicherem Gefühl handeln. Beim Sein kann man immer bleiben, oder man kann zu ihm zurückkommen. Wenn es bewusster wird, verwandelt es sich allmählich in ein Verweilen in der Gegenwart Gottes. Dort sind wir mehr und mehr unberührbar von allen äußeren Bedrohungen."[213]

Zweites Beispiel:

"Felix: Ich meditiere ziemlich viel und konsequent, aber ich werde in der Meditation sehr schnell müde. Sie strengt mich sehr an.

EM: Sie ermüdet dich.

---

[213] Jalics, F.: Kontemplative Exerzitien, Würzburg 1994, S. 315.

Felix: Ja, nach jeder Meditation bin ich geschafft. Ich fühle mich beengt und spüre einen schrecklichen Druck auf der Brust. Ich muss mich dagegen wehren, mich abgrenzen.

EM: Du musst in die Defensive gehen.

Felix: Ja, ich fühle mich von den Forderungen unter Druck gesetzt.

EM: Von den Forderungen.

Felix: Ja, von diesen übergroßen Forderungen.

EM: Du spürst Forderungen.

Felix: Ja, von deinen Forderungen, perfekt und ganz gottbezogen zu sein, meine Feinde von Herzen zu lieben, leer zu werden, alles hochkommen zu lassen, immer bei der Gegenwart zu bleiben und alles erleiden zu sollen. Das sind für mich unerreichbare Ideale, überhöhte Ziele, die mich herunterdrücken und klein machen.

EM: Du fühlst das, was ich sage, als Forderung und Anspruch. Es bedroht dich, weil du dich unter Druck fühlst, dem Genüge leisten zu müssen.

Felix: Ja, ich werde dadurch eingeschüchtert und empfinde Auflehnung. Du sprichst von Idealen, die für mich uner reichbar sind. Sie beengen mich, und ich muss mich gegen sie wehren.

EM: Dieser Druck kommt von dem, was ich fordere.

Felix: Von der Kluft zwischen dem, was ich kann, und diesen Anforderungen, vollkommen sein zu müssen.

EM:Hm.

Felix: Du sagst auch, dass wir nichts erreichen müssen, aber dann kommt dieses »muss« : Du musst gottbezogen sein, du musst leer werden, und so weiter.

EM: Felix, ich weiß nicht, ob du bemerkt hast, wie ich nie oder fast nie ein »Muss« sage. Ich habe nie gesagt, du sollst vollkommen sein, oder von dir gefordert, gottbezogen sein zu müssen. Der Mensch ist gottbezogen geschaffen, das sage ich, und wenn er zu dieser Gottbezogenheit zurückkommt, ist er glücklich. Ich zeige nur die, Richtung, damit wir uns unseres Zustandes bewusst werden und sehen, wo wir stehen, nicht wo wir sein müssten. Ich spreche auch von Fülle und Leere. Wenn jemand leer wird, erfüllt ihn Gott. Das bedeutet aber noch nicht, dass du dich leermachen musst. Du kannst das Leerwerden auf einen späteren Termin verschieben. Gott wird dich dann später erfüllen.

Ich habe dich eingeladen, alles so stehenzulassen, wie es ist. Verzichte auf diese Ideale und versuche, in die Gegenwart zu kommen. Es wird dir alles zur rechten Zeit geschenkt werden. Versuche, so sein zu dürfen, wie du bist."[214]

4. Himmel und Hölle

Ich möchte zwei Definitionen wagen: Himmel ist die Innenseite des Kosmos. Mit diesem Bild "Innenseite des Kosmos" soll vermieden werden, dass der Himmel jenseitig und nur lose mit unserem jetzigen Leben verbunden vorgestellt wird. Der Himmel ist dann nicht die externe Belohnung für das anstrengende und unangenehme Leben hier auf Erden. Sondern der Himmel ist das Gesamte der internen Freude unseres Lebensweges. Ja unser Lebensweg im Himmel ist sogar eingebettet in den gesamten Sinn der Weltgeschichte bzw. Heilsgeschichte. Es geht im ewigen Leben um den Bogen des ganzen Lebens, eingeordnet in den Bogen des ganzen Kosmos. Hölle ist, wenn man in der Gegenwart Gottes lebt, ohne es zu merken. Insofern war Jesus am Kreuz, als er rief "mein Gott, mein Gott, warum hast du mich verlassen", in der Hölle angelangt. Aus der steilen These des letzten Satzes kann man folgern: Himmel und Hölle "beginnen" hier schon auf der Erde. Gehen wir noch mal von Spinoza aus: es ist das Ziel, Tugenden zu entwickeln und tugendhaft zu leben. Tugenden verursachen intern Freude, Glück und Freiheit. Wer keine Tugend entwickelt, ist nach Spinoza nicht fähig, echte Freude, Glück und Freiheit zu erleben. Auch nach ihm liegt es immer auch an uns, ob wir den Himmel oder die Hölle auf Erden haben.

Tugendhaft zu leben ist an sich schon etwas, was Freude bringt - das betont Spinoza ganz deutlich. Aber wir sollten noch ein Stück weiter gehen: in dem Wunsch, tugendhaft zu leben, steckt eventuell noch ein Sollen, ein Wünschen, ein Machen. Erinnern wir uns an das Gespräch zwischen Exerzitienmeister und Felix. Dann wird deutlich, dass Tugend bei einem kontemplativen Lebenstil aus der Wahrnehmung des Daseins, aus der reinen Freude, dass ich bin, aus der Ausgerichtetheit auf Gott und aus dem Vertrauen, dass Gott alles schenkt, kommt.

---

[214] Jalics, F.: Kontemplative Exerzitien, Würzburg 1994, S. 313.

5. Von welchem Gott reden wir?

Ein Gott, der uns belohnt, der eine Autorität darstellt, die von außen uns Lob und damit Freude zuteilt, habe ich mit diesen Überlegungen verabschiedet. Gott ist kein kosmischer Moralist, der "aus heiterem Himmel" ein Gesetz aufstellt, um dann die zu belohnen, die es erfüllen und die zu bestrafen, die es nicht erfüllen. Zu unseren Überlegungen passt vielmehr der Gott von Whitehead: der Poet der Welt, "der große Begleiter -der Leidensgefährte, der versteht." "Denn das Reich Gottes ist inmitten von uns. [...] Aufgrund dieser Wechselbeziehung geht die Liebe der Welt in die Liebe des Himmels über und flutet wieder zurück in die Welt."[215]

6. Berdjajew: Rachsüchtige Eschatologie

Der Philosoph Berdjajew sieht in der Vorstellung von einer Hölle rachsüchtige und grausame Instinkte der Menschen am Werk. Diejenigen Menschen, die vermuten, eher in den Himmel zu kommen, können an der Vorstellung einer Hölle Genugtuung und Vergnügen finden, weil man hoffen kann, dass die Menschen, die man hasst und verabscheut, in der Ewigkeit dort in der Hölle anzufinden sein werden. "Es stimmt nicht, dass die Lehre von denjenigen Qualen die Menschen nur in Schrecken versetzt, sie bereitet ihnen auch Genugtuung und Vergnügen. [...] Die Idee der Gerechtigkeit kann sich als Racheidee zeigen. [...] Hass, Rache, eine erbarmungslose Haltung gegenüber einem Feind führt stets zum Wunsch nach einer Hölle."[216]

7. Eine jenseitige Hölle - ein Desaster für Gott:

Aber was bedeutet es ganz grundsätzlich, wenn wir in unserem theologischen Denken die Hölle als existent ansehen? Für Berdjajew ist das ein absolutes Desaster: "Die Lehre von einer ewigen Hölle ist hoffnungslos, kein relativer, sondern absoluter Dualismus und bedeutet das verhängnisvolle Scheitern nicht nur des Menschen, sondern vor allem Gottes, das Scheitern der Schöpfung der Welt, Scheitern nicht in der Zeit, sondern in Ewigkeit. Der höchste religiöse Schrecken kommt im Grunde genommen nicht von Gott, sondern daher, dass es keinen Gott gibt, dass Gott weggegangen und von mir abgeschnitten ist. Die Erfahrung der

---

[215] Whitehead, A. N.: Prozess und Realität. Entwurf einer Kosmologie, Frankfurt/M. 1987, S. 626.
[216] Berdjajew, N.: Versuch einer eschatologischen Metaphysik, 2001, S. 286.

Hölle ist die Erfahrung der Gottlosigkeit."[217] Die jenseitige Hölle wäre für Berdjajew "das Misslingen der ganzen Schöpfung und eine Riss im Reich Gottes". Diese ist aber nur dann verständlich, wenn man mit Berdjajew davon ausgeht, dass wir letztlich (vom Blickwinkel Gottes her, aus der Sichtweise des reinen Geistes aus) mit allem im Universum zusammenhängen. (Eine Vorstellung, die wir auch bei Buddha finden.) Aus diesem Grundverständnis heraus ergibt sich die Aussage: "Man kann nicht allein und gesondert gerettet werden. Rettung kann nur als gemeinschaftliche, allgemeine Befreiung von den Qualen geschehen."[218] "Umgekehrt ist das Paradies für mich möglich, wenn es für kein einziges Geschöpf, das lebt oder gelebt hat, eine ewige Hölle gibt."[219]

8. Die Hölle auf Erden

Es gibt aber für Berdjajew Höllenqualen im diesseitigen Leben. "Der Mensch hier auf der Erde kennt die Erfahrung von Höllenqualen, und diese Qualen erscheinen ihm unendlich, ohne ein Ende in der Zeit. [...] Es gibt eine Hölle, und nur ein leichtfertiger Optimismus kann dies gänzlich verneinen. Aber die Hölle ist diesseitig und nicht jenseitig, [...] in der Zeit und nicht in der Ewigkeit."[220]

9. Der Himmel auf Erden

Wann ist aber der Himmel auf Erden erreicht? Es gibt ein Koan im Hekiganroku, dass das sehr schön aufzeigt:

6. Fall: Unmon sagte in seiner Unterweisung: "Ich frage euch nicht nach dem vor dem 15. Tag. Sagt mir etwas über das nach dem 15. Tag." Anstelle der Mönche antwortete er sich selbst: "Jeder Tag - ein guter Tag."[221]

Man kann den 15. Tag als Tag der Erleuchtung sehen, so dass der Meister nach der Zeit nach der Erleuchtungserfahrung fragt. "Jeder Tag - ein guter Tag." - dieser Ausdruck kennt keine Ausnahme. Auch unter den schlechtesten Umständen gilt im Blick auf das Wahren Selbst: "Jeder Tag - ein guter Tag." Wer sich fest im absoluten Grund des Seins verwurzelt hat, kann

[217] S. 286. ebd.
[218] S. 287. ebd.
[219] S. 287. ebd.
[220] S. 286 f . ebd.
[221] Hekiganroku mit Teishos von Yamada Koun Roshi, 2002, Bd.1, S. 78.

in dieser Haltung leben. "Das bedeutet nicht, dass ihr nicht weinen dürft, wenn ihr traurig seid. Wer traurig ist, dem kommen die Tränen. Aber während des Weinens fühlt ihr trotzdem noch einen tiefen Geistesfrieden - auf diese Weise ist "jeder Tag ein guter Tag". Ihr solltet diesen Punkt ganz tief verstehen!"[222] Ein Mensch, der in jeder Lebenssituation, und sei sie noch so schwierig, unsicher oder quälend, sagen kann "jeder Tag ein guter Tag", der wandelt im Himmel, der auf der Erde ist.
Aber wie soll man mit den Schwierigkeiten, den Leiden, dem Unglück in der Welt umgehen? Die Lebensweise von Spinoza kann kein Vorbild sein: Er hat sich zurückgezogen, um den Wirrnissen und Leiden der Welt aus dem Weg zu gehen!

10. Nehme dein Kreuz auf dich und folge mir nach!

Hier kann uns der 43. Fall aus dem Hekiganroku weiterhelfen.
"Ein Mönch fragte Tozan: "Wenn Kälte und Hitze kommen, wie kann man ihnen ausweichen?" Tozan antwortete: "Warum gehst du nicht an den Ort, wo es weder Kälte noch Hitze gibt?" Der Mönch sagte: "Was ist das für ein Ort, wo es weder Kälte noch Hitze gibt?" Tozan entgegnete: "Wenn es kalt ist, töte dich mit der Kälte! Wenn es heiß ist, töte dich mit der Hitze!"[223]
Die Frage nach Kälte und Hitze zielt letztlich auf alle möglichen Leiden der Lebewesen, wie zum Beispiel Angst vor dem Sterben und die vielen leidvollen Enttäuschungen im Allgemeinen. Die Antwort von dem Meister Tozan suggeriert, dass es irgendwo tatsächlich einen Ort gibt, ein Paradies, ein reines Land, den Himmel, wo es keinerlei Leiden gibt. Und gleich darauf frägt der Mönch nach diesem Wort. Und was meint nun die letzte Antwort des Meisters? "Der Ort, wo es weder Kälte noch Hitze gibt, ist genau hier, in der Mitte von Kälte und Hitze. Das ist kein Ort, zu dem man hinlaufen könnte. [...] Nur in der Mitte des Leids gibt es den Ort, an dem man dem Leid entkommen kann. [...] Wir müssen lernen, unsere jeweilige Situation zu akzeptieren und mit allen unseren Lebensumständen eins zu sein. Dazu müssen wir fest in der Wesenswelt, in der es keinerlei Leiden gibt, verwurzelt sein. So können wir auch in Zeiten großen Leidens in unserem Herzen einen tiefen Frieden aufrechterhalten. Das ist das einzige, was wir tun können."[224] Yamada Roshi erzählt von einem Dichter, der zum

[222] S. 82. ebd.
[223] S. 460. ebd.
[224] S. 463f. ebd.

Beispiel seiner ständigen Ohrengeräuschen, sein Zählzwang und seine Zwangsvorstellungen nur dadurch überwinden konnte, indem er das einfach geschehen ließ und damit still und aufrecht längere Zeit sitzen blieb.

Nun sind wir am Schluss bei der Jünger Regel Jesu angelangt: "Wer mein Jünger sein will, der verleugne sich selbst, nehme sein Kreuz auf sich und folge mir nach."

- sein Kreuz auf sich nehmen: im hier und jetzt leben und das Leid der jetzigen Situation völlig akzeptieren. Das erleiden, was das Leben und die jeweilige Situation uns auflädt, was an Dunkelheiten (Hass, Trauer, Eifersucht, Schuldgefühle, Minderwertigkeitsgefühle, Wut, Schmerzen etc.) von uns selber und von anderen Menschen zum Vorschein kommt.
- Jesus nachfolgen: Blickkontakt mit Jesus aufnehmen, im Zen: in Verbindung mit der Wesenswelt, mit dem Wahren Selbst bleiben.
- sich selbst verleugnen: unabhängig von den Ergebnissen werden, seinen Egoismus aufgeben. Nur über den Weg des Kreuzes ist der Himmel auf Erden zu erreichen. Es ist ein geheimes Gesetz: wer das Kreuz annimmt, der erhält aus dem Kreuz selbst eine tiefe Kraft...

11. Das ewige Leben bei Spinoza

Nach Spinoza sind wir Menschen zuerst alle unfrei. Wir sind durch äußere Einflüsse so beeinflusst, dass wir nur zu passiven Affektionen fähig sind. Diese Affektionen mögen freudig oder traurig sein, sie bringen nur inadäquate Erkenntnis hervor. (1. Erkenntnisart) Erst wenn wir adäquate Ideen bilden können, zum Beispiel Gemeinbegriffe, dann sind wir zu aktiven Affektionen fähig. Diese sind immer freudig.

Spinozas unterscheidet Dauer und Ewigkeit. Ein Mensch zum Beispiel besteht aus seinem ewigen Wesen, sein intensiver Teil, und seinen endlichen Modi, seine extensiven Teile, seinem Körper. Die Existenz eines Körpers dauert an, das Wesen ist ewig. Die Ewigkeit ist nicht die unendlich verlängerte Dauer, sondern eine andere Ebene als die Dauer. Ein Wesen ist ewig aufgrund einer Ursache, nämlich Gott. Daraus folgt für die Seele: Die das Wesen des Körpers ausdrückende Idee konstituiert den intensiven Teil der Seele. Diese Idee ist ewig und ermöglicht außerdem die dritte Erkenntnisart. Dass der intensive Teil der Seele ewig ist, erkennt der Mensch in der dritten Erkenntnisart.

Tod ist eine Subtraktion, ein Abzug. Wir verlieren alle extensiven Teile. Aber unser Wesen verliert dadurch nicht an Vollkommenheit. Unser Wesen hört auf, in einem Zustand des

Einschlusses aufrecht erhalten zu werden. Wir können nicht mehr getrennt sein von unserem Vermögen zu verstehen bzw. tätig zu sein. Wir sind völlig ausdrückend geworden.

Leibniz bringt unter anderem eine wichtige Anfrage an Spinozas Ewigkeitskonzept: Wozu dient unsere Existenz und die Anstrengung im Leben, wenn unser Wesen in jedem Fall das ist, was es ist: ein Vermögensgrad, der unabhängig von den extensiven Teilen besteht? Anders formuliert: Gibt es in der Ewigkeit keinen Unterschied zwischen dem Toren und dem Weisen? Spinozas Antwort: Jedes Wesen wird erfüllt durch ein Affiziertseinkönnen. Wenn wir nur passive Affektionen im Leben gehabt haben, ist das Affiziertseinkönnen nicht positiv bestimmt. Wenn wir dagegen aktive Freuden der zweiten und dritten Art hatten im Leben, dann bleibt diese positive Füllung des Affiziertseinkönnens in der Ewigkeit erhalten. Ein konkreter Vergleich zwischen zwei fiktiven Personen macht dies deutlich: Person A hat mehr aktive als passive Affektionen, Person B hat viele passive Affektionen. Die aktiven Affektionen werden durch unser Wesen expliziert, die passiven Affektionen werden durch das unendliche Spiel äußerlicher Bestimmungen extensiver Teile expliziert. Deswegen hat bei A der intensive Teil mehr Bedeutung als der extensive Teil, bei B umgekehrt. Wenn A stirbt, hat das, was untergeht, wenig bzw. keinerlei Bedeutung im Vergleich zu dem was bestehen bleibt. Wenn B stirbt, ist die Idee seines Wesens natürlich in Gott und ewig, aber das ihr entsprechende Affektioneniziertseinkönnen bleibt leer. Das Wesen von B ist abstrakt und unaffiziert.

Es gibt bei Spinoza niemals moralische Sanktionen wie Strafe oder Belohnung eines rechtenden Gottes, sondern nur natürliche Konsequenzen unserer Existenz. (Die Unterscheidung zwischen extern verursachter Freude und intern verursachter Freude wird also bei Spinoza sogar auf die Frage nach dem ewigen Leben ausgedehnt.) Der Weg des Heils besteht darin, aktiv und ausdrückend zu werden. In der dritten Erkenntnisart findet das Ausdruckssystem seine letzte Form: Die Glückseligkeit stellt die Entwicklung der Substanz selbst dar, ihre Explikation in den Modi und das Bewusstsein dieser Explikation in der Idee Gottes. Solange wir in der Dauer leben, ist uns die Glückseligkeit nicht ständig präsent. Zusammenfassend könnte man sagen: die Hölle im Jenseits bei Spinoza besteht darin, auf alle Ewigkeit hin bedeutungslos zu sein.[225]

Erstaunlicherweise legt Rahner in seiner Predigt zu Mariä Himmelfahrt eine ähnliche Überlegung vor: „Es ist, als ob alle Wellen der Zeitlichkeit in ihrem ruhelosen Auf und

[225] Vgl. Deleuze: Spinoza oder das Problem des Ausdrucks, München 1993, S. 276-282.

Nieder immer leise anschlügen an dem Gestade der Ewigkeit, und jede Welle, jeder Augenblick der Zeit, jedes Menschenwerk dort das zurückließe, was an ihm ewig ist, das Gute und das Böse. Gut und Böse sind Dinge der Ewigkeit, sind Ewigkeit in den Dingen der Zeit. Es ist ein seliges und furchtbares Geheimnis zugleich: Unsere Taten versinken im Nichts, aber bevor sie sterben, haben sie aus ihrer Vergänglichkeit ein ewiges Wesen herausgeboren, das nicht mit ihnen untergeht. Die ewige Güte und Bosheit unserer vergänglichen Werke sinkt nieder auf den ewigen Grund der unvergänglichen Seele, gestaltet diesen verborgenen Grund. [...] So bildet sich in der Vergänglichkeit langsam ein Ewiges, das ewige Antlitz unserer Seele und in ihm unser ewiges Schicksal. Und dann kommt der Augenblick, da ein Mensch aus der Zeitlichkeit eingeht in die Ewigkeit. [...] Leben der Vergänglichkeit war Mariä Leben, wie unser eigenes. Und doch, in einem war es ganz anders. Unser Leben, ach wie so rätselhaft und unbegreiflich ist es, nicht durch die Dunkelheit des Schicksals - an diesem gemeinsamen Los hatte ja auch Maria ihren Anteil -, sondern unbegreiflich und rätselhaft durch die Schuld. Diese macht unser Leben so widersinnig und wirr. In unserem Leben ist das Ewige, das den Augenblicken unseres Daseins eingesenkt ist, bald gut, bald böse. Und wenn durch Gottes Gnade ein Augenblick der Reue wieder tilgt, was böse Stunden in der Tiefe unseres Wesens als Ewigkeit schaffen wollten, eines bleibt auch dann noch: diese bösen Stunden sind für ewig verronnen, für ewig leer. Nie mehr wird aus ihrem Schoß eine lichte Ewigkeit hervorgehen, unfruchtbar sind sie ins Nichts des Gewesenen zurückgesunken, kein Mensch holt sie mehr zurück, um sie noch einmal, um sie jetzt gut zu leben, nie mehr wird auf ihnen liegen der strahlende Schein der Güte, der leuchten sollte wie ein ewiger Morgen. Nur von einem Menschen außer Jesus wissen wir ein ander Leben, von Maria, der Jungfrau, der Makellosen, der immer Reinen. Da ist es doch einmal wahr geworden, was unser Herz in seinen bitteren Erfahrungen fast nicht glauben kann: Es gibt einen Menschen, der ohne Reue in seine Ewigkeit eingehen kann, Maria. Sie braucht nicht einen Augenblick ihres Lebens zu verleugnen, keiner ist leer und tot geblieben.“[226]

12. Das ewige Leben bei Whitehead

Gott besitzt eine Urnatur und eine Folgenatur. In seiner Urnatur versammelt Gott die ewigen Gegenstände. Sie sind reine Möglichkeiten, die sich fließend realisieren. Sie ergeben auch die

---

[226] Rahner, K.: Das große Kirchenjahr, Freiburg 1987, S. 496-498.

Potentialmöglichkeiten an Kontrasten. Gottes Folgenatur bedeutet, dass Gott die ganze Welt und alles was in mir passiert wirklich erfährt (entgegen Gott als das unwandelbare und leidenschaftslose Absolute). Gerade die Folgenatur Gottes sagt mir zwei Dinge über Gott: 1. Was auf der Welt passiert, berührt Gott wirklich und wesentlich. Gott leidet daran, dass zum Beispiel ein Mensch an einen Unfall sterben musste. Gott leidet mit. 2. Was auf der Welt passiert, bleibt ewig bewahrt in Gott. Wir vergessen Erfahrungen, die wir gemacht haben. Aber der ganze Lebenslauf eines verstorbenen Menschen ist in der "Erinnerung Gottes" erhalten; und noch mehr: Gott kann all die Unstimmigkeiten, Brüche und Wunden in diesem Lebenslauf zusammenfassen und kreativ verwandeln. Whiteheads Philosophie entspricht also den Vorgaben Berdjajews.

Zusammenfassend könnte man zu Whitehead salopp sagen: Gott selbst ist das Fegefeuer, das das Böse überwindet, damit das Gute in Ewigkeit in ihm selbst bestehen bleibt.

Schluß: Eine wahre Begebenheit

"Der Philosoph Norris Clarke hat mir eine Geschichte erzählt, die sich tatsächlich so ereignet haben soll: ein reicher Mann, der als Waise aufgewachsen war, pflegte die Frauen, mit denen er Beziehungen hatte, auszunutzen. Er konnte anderen Menschen gegenüber nie Verpflichtungen eingehen, trennte sich immer wieder von Partnerinnen nach seinem Gutdünken und seinen Launen. Eines Tages betrat eine seiner Frauen sein Büro, schoss auf ihn und lief davon. Als er mit dem Tod lang, hatte er eine Nahtoderfahrung: Er erlebte, dass er durch einen Tunnel kam. Da gelangte er zu einer großen, hohen, weißen Mauer, die ihm den Weg versperrte. Er hörte eine Stimme: "Du hast keine Identität, hier kannst du aber nicht durchkommen, solange du keine Identität hast." Dann hatte er eine Vision, in der sein ganzes Leben an ihm vorüberzog. Er war über sich selbst entsetzt, als er erkannte, dass sein ganzes I.eben davon durchzogen war, andere Menschen zu verletzen und zu vernachlässigen. Dann hörte er wieder die Stimme: "Wenn du Vergebung willst, dann kannst du Vergebung empfangen und du kannst eintreten. Du kannst aber auch zurückkehren, um alles wieder gutzumachen." Er wählte, wieder zurückzukehren und sein verlorenes Lehen nachzuholen. Er wurde wieder gesund und führte fortan ein vorbildliches Leben voller Mitgefühl."[227]

[227] Ama Samy: Zen. Erwachen zum ursprünglichen Gesicht, Berlin 2002, S. 35.

In diese Geschichte sind in gewisser Weise beide Ansätze, die von Spinoza und die von Whitehead, enthalten. "Du hast keine Identität, hier kannst du aber nicht durchkommen, solange du keine Identität hast." Das klingt nach Spinoza: Der Mann hatte eine leere Existenz, sein Wesen war nicht durch aktive Freude gefüllt, er hatte in seinem Leben aus sich keine Identität gemacht. "Wenn du Vergebung willst, dann kannst du Vergebung empfangen und du kannst eintreten. Du kannst aber auch zurückkehren, um alles wieder gutzumachen." Hier zeigt sich der Gott Whiteheads, der fähig ist, ein Leben zu läutern und zu verwandeln. Wir können aus dem Ansatz von Spinoza und aus dem Ansatz von Whitehead keine einheitliche Theorie machen. Aber in der Nahtoderfahrung des Mannes bilden beide Ansätze einen kreativen Kontrast.

MIX
Papier aus verantwortungsvollen Quellen
Paper from responsible sources
FSC® C105338

Printed by Books on Demand GmbH, Norderstedt / Germany